北京博物院
长城文化带
主编／段柄仁

八达岭长城

武光／编著

北京出版集团公司
北京出版社

图书在版编目（CIP）数据

八达岭长城 / 武光编著 . — 北京 ：北京出版社，2018.12
（京华通览 / 段柄仁主编）
ISBN 978-7-200-13870-2

Ⅰ . ①八… Ⅱ . ①武… Ⅲ . ①长城—介绍—北京 Ⅳ . ① K928.77

中国版本图书馆 CIP 数据核字（2018）第 017289 号

出版人	曲　仲
策　划	安　东　于　虹
项目统筹	董拯民　孙　菁
责任编辑	于　虹　沈　方
封面设计	田　晗
版式设计	云伊若水
责任印制	燕雨萌

"京华通览"丛书在出版过程中，使用了部分出版物及网站的图片资料，在此谨向有关资料的提供者致以衷心的感谢。因部分图片的作者难以联系，敬请本丛书所用图片的版权所有者与北京出版集团公司联系。

京华通览
八达岭长城
BADALING CHANGCHENG
武光　编著

*

北京出版集团公司
北京出版社　出版
（北京北三环中路 6 号）
邮政编码：100120

网　址：www.bph.com.cn
北京出版集团公司总发行
新　华　书　店　经　销
天津画中画印刷有限公司印刷

*

880 毫米 ×1230 毫米　32 开本　5.5 印张　113 千字
2018 年 12 月第 1 版　2022 年 11 月第 3 次印刷
ISBN 978-7-200-13870-2
定价：45.00 元

如有印装质量问题，由本社负责调换
质量监督电话：010-58572393

《京华通览》编纂委员会

主　任　段柄仁
副主任　陈　玲　曲　仲
成　员　（按姓氏笔画排序）
　　　　于　虹　王来水　安　东　运子微
　　　　杨良志　张恒彬　周　浩　侯宏兴
主　编　段柄仁
副主编　谭烈飞

《京华通览》编辑部

主　任　安　东
副主任　于　虹　董拯民
成　员　（按姓氏笔画排序）
　　　　王　岩　白　珍　孙　菁　李更鑫
　　　　潘惠楼

序

PREFACE

擦亮北京"金名片"

段柄仁

北京是中华民族的一张"金名片"。"金"在何处？可以用四句话描述：历史悠久、山河壮美、文化璀璨、地位独特。

展开一点说，这个区域在 70 万年前就有远古人类生存聚集，是一处人类发祥之地。据考古发掘，在房山区周口店一带，出土远古居民的头盖骨，被定名为"北京人"。这个区域也是人类都市文明发育较早，影响广泛深远之地。据历史记载，早在 3000 年前，就形成了燕、蓟两个方国之都，之后又多次作为诸侯国都、割据势力之都；元代作为全国政治中心，修筑了雄伟壮丽、举世瞩目的元大都；明代以此为基础进行了改造重建，形成了今天北京城的大格局；清代仍以此为首都。北京作为大都会，其文明引领全国，影响世界，被国外专家称为"世界奇观""在地球表面上，人类最伟大的个体工程"。

北京人文的久远历史，生生不息的发展，与其山河壮美、宜生宜长的自然环境紧密相连。她坐落在华北大平原北缘，"左环沧海，右拥太行，南襟河济，北枕居庸""龙蟠虎踞，形势雄伟，南控江淮，北连朔漠"，是我国三大地理单元——华北大平原、东北大平原、内蒙古高原的交会之处，是南北通衢的纽带，东西连接的龙头，东北亚环渤海地区的中心。这块得天独厚的地域，不仅极具区位优势，而且环境宜人，气候温和，四季分明。在高山峻岭之下，有广阔的丘陵、缓坡和平川沃土，永定河、潮白河、拒马河、温榆河和蓟运河五大水系纵横交错，如血脉遍布大地，使其顺理成章地成为人类祖居、中华帝都、中华人民共和国首都。

这块风水宝地和久远的人文历史，催生并积聚了令人垂羡的灿烂文化。文物古迹星罗棋布，不少是人类文明的顶尖之作，已有1000余项被确定为文物保护单位。周口店遗址、明清皇宫、八达岭长城、天坛、颐和园、明清帝王陵和大运河被列入世界文化遗产名录，60余项被列为全国重点文物保护单位，220余项被列为市级文物保护单位，40片历史文化街区，加上环绕城市核心区的大运河文化带、长城文化带、西山永定河文化带和诸多的历史建筑、名镇名村、非物质文化遗产，以及数万种留存至今的历史典籍、志鉴档册、文物文化资料，《红楼梦》、"京剧"等文学艺术明珠，早已成为传承历史文明、启迪人们智慧、滋养人们心灵的瑰宝。

中华人民共和国成立后，北京发生了深刻的变化。作为国家首都的独特地位，使这座古老的城市，成为全国现代化建设的领头雁。新的《北京城市总体规划（2016年—2035年）》的制定和中共中央、国务院的批复，确定了北京是全国政治中心、文化中心、国际交往中心、科技创新中心的性质和建设国际一流的和谐宜居之都的目标，大大增加了这张"金名片"的含金量。

伴随国际局势的深刻变化，世界经济重心已逐步向亚太地区转移，而亚太地区发展最快的是东北亚的环渤海地区、这块地区的京津冀地区，而北京正是这个地区的核心，建设以北京为核心的世界级城市群，已被列入实现"两个一百年"奋斗目标、中国梦的国家战略。这就又把北京推向了中国特色社会主义新时代谱写现代化新征程壮丽篇章的引领示范地位，也预示了这块热土必将更加辉煌的前景。

北京这张"金名片"，如何精心保护，细心擦拭，全面展示其风貌，尽力挖掘其能量，使之永续发展，永放光彩并更加明亮？这是摆在北京人面前的一项历史性使命，一项应自觉承担且不可替代的职责，需要做整体性、多方面的努力。但保护、擦拭、展示、挖掘的前提是对它的全面认识，只有认识，才会珍惜，才能热爱，才可能尽心尽力、尽职尽责，创造性完成这项释能放光的事业。而解决认识问题，必须做大量的基础文化建设和知识普及工作。近些年北京市有关部门在这方面做了大量工作，先后出版了《北京通史》（10卷本）、《北京百科全书》（20卷本），各类志书近900种，以及多种年鉴、专著和资料汇编，等等，为擦亮北京这张"金名片"做了可贵的基础性贡献。但是这些著述，大多是服务于专业单位、党政领导部门和教学科研人员。如何使其承载的知识进一步普及化、大众化，出版面向更大范围的群众的读物，是当前急需弥补的弱项。为此我们启动了"京华通览"系列丛书的编写，采取简约、通俗、方便阅读的方法，从有关北京历史文化的大量书籍资料中，特别是卷帙浩繁的地方志书中，精选当前广大群众需要的知识，尽可能满足北京人以及关注北京的国内外朋友进一步了解北京的历史与现状、性质与功能、特点与亮点的需求，以达到"知北京、爱北京，合力共建美好北京"的目的。

这套丛书的内容紧紧围绕北京是全国的政治、文化、国际交往和科技创新四个中心，涵盖北京的自然环境、经济、政治、文化、社会等各方面的知识，但重点是北京的深厚灿烂的文化。突出安排了"历史文化名城""西山永定河文化带""大运河文化带""长城文化带"四个系列内容。资料大部分是取自新编北京志并进行压缩、修订、补充、改编。也有从已出版的北京历史文化读物中优选改编和针对一些重要内容弥补缺失而专门组织的创作。作品的作者大多是在北京志书编纂中捉刀实干的骨干人物和在北京史志领域著述颇丰的知名专家。尹钧科、谭烈飞、吴文涛、张宝章、郗志群、姚安、马建农、王之鸿等，都有作品奉献。从这个意义上说，这套丛书中，不少作品也可称"大家小书"。

总之，擦亮北京"金名片"，就是使蕴藏于文明古都丰富多彩的优秀历史文化活起来，使充满时代精神和首都特色的社会主义创新文化强起来，进一步展现其真善美，释放其精气神，提高其含金量。

2017 年 11 月

目录

CONTENTS

概　述 / 1

自然地理

地质　地貌 / 9

地质 / 9

地貌 / 10

资　源 / 11

植被 / 11

古树名木 / 12

动物 / 12

气候与水文 / 13

气温 / 14

降水 / 14

　　　　　　　　风 / 14

　　　　　　　　日照 / 15

　　　　　　　　水文 / 15

历史沿革　　春秋战国时期 / 17

　　　　　　　　秦汉至元朝时期 / 18

　　　　　　　　明、清、民国时期 / 21

　　　　　　　　中华人民共和国时期 / 27

　　　　　　　　　附：古道略说 / 33

文物建筑　　关　城 / 36

　　　　　　　　城　墙 / 38

　　　　　　　　敌　楼 / 43

　　　　　　　　南山联墩 / 48

　　　　　　　　烟　墩 / 54

　　　　　　　　岔道城 / 57

明清武备　　营　制 / 63

　　　　　　　　武　器 / 70

　　　　　　　　军　法 / 73

　　　　　　　　防　务 / 77

周边战事　　上兰之战 / 80

　　　　　　　　　　寇恂夺印居庸关 / 80

　　　　　　　　　　上谷杜洛周起义 / 82

　　　　　　　　　　安史之乱与唐末混战 / 83

　　　　　　　　　　宋、辽、金争夺八达岭 / 84

　　　　　　　　　　成吉思汗举兵三破居庸 / 90

　　　　　　　　　　燕王朱棣取居庸 / 95

　　　　　　　　　　明英宗与土木之变 / 97

　　　　　　　　　　戚继光岭上固边 / 100

　　　　　　　　　　李自成进攻八达岭 / 102

　　　　　　　　　　军阀混战时的过境战争 / 103

保护与修复　　　　　保　护 / 108

　　　　　　　　　　　爱我中华　修我长城 / 108

　　　　　　　　　　　文物主体保护 / 113

　　　　　　　　　　　长城修复 / 119

　　　　　　　　　　博物馆、纪念馆建设 / 121

　　　　　　　　　　　中国长城博物馆 / 121

　　　　　　　　　　　詹天佑纪念馆 / 124

碑刻文抄　　　　　　碑　刻 / 128

　　　　　　　　　　　八达岭、岔道防务分界碑 / 128

　　　　　　　　　　　化字西五号台修建题名记（碑）/ 129

　　　　　　　　　　　八达岭长城修建题名碑 / 130

八字北二号台题名碑 / 131

　　"重修八达岭察院公馆"刻石 / 132

　　"北门锁钥"门额 / 133

　　黑龙潭题诗碑 / 134

　　摩崖造像 / 135

摩崖石刻 / 136

　　八达岭回文摩崖石刻 / 136

　　五桂头弹琴峡摩崖石刻 / 137

　　"望京石"及"天险"摩崖石刻 / 137

　　五桂头山洞额刻 / 138

　　金鱼池石碑 / 138

　　詹天佑墓、碑及铜像 / 138

诗　词 / 139

奏　疏 / 152

参考书目 / 158

后　记 / 161

概 述

八达岭长城位于北京市西北60多公里的军都山关沟古道北口，东经116°65'，北纬40°25'，在延庆区八达岭镇域内。八达岭之名，最早见于金代诗人刘迎的长诗《晚到八达岭下达旦乃上》和《出八达岭》。明代蒋一葵所著《长安客话》中说，从这里南通北京，北去延庆，西往宣化、张家口，"路从此分，四通八达，故名八达岭，是关山最高者"。

今延庆在战国末年即有"居庸塞"之名，西汉初置居庸县，存在780余年，《水经注·湿余水》亦有"汉首置居庸关于八达岭"之说。居庸关作为防御关城，根据军事防卫需要，其位置渐南移。到了元代，八达岭又称北口，北口是与南口相对而言，据顾炎武《昌平山水记》载，"八达岭有城，南北二门，元人所谓北口者是也，以守备一人守之"。又说："其南北口之城，则自元始，北口千户所属大都路隆庆州。"从南口到北口，中间是一条20公里长的峡谷，名曰"关沟"。

八达岭高踞关沟北端最高处，两峰夹峙，一道中开，居高临下，形势险要，"自八达岭下视居庸关，如建瓴，如窥井"。在万里长城中，八达岭长城以地势险峻、气势雄浑、景色壮观而位列众多关隘之首，可谓万里长城之精华。八达岭长城东起石佛寺口，西至糜子口，长20.5公里。

八达岭地区80%为燕山余脉军都山地，地势西北高、东南低，山岭纵横，沟深谷远，平均海拔780米，顶部海拔1015米，最低为105米，八达岭长城最高峰北八楼海拔888.8米。八达岭地区古代为茂密的森林，由于修筑长城，历代用兵频繁，森林破坏殆尽，原有森林环境逐渐转向干旱草原发展。天然植被主要为灌木群落和荒草坡，关沟内仅存有少量阔叶树种。八达岭林场总面积29.4平方公里。20世纪50年代林场建立以来，逐年营造人工林、幼林和复绿灌木群落，人工林现已大部郁闭成林，生态系统恢复良好。树种主要有油松、落叶松、侧柏、华山松、云杉、刺槐、元宝枫、杨树、山杏、黄栌等，初步改变了本区的植被结构，现有森林覆盖率已达60.7%。八达岭长城周围植被覆盖率达70%。

早在战国时期，八达岭地区周围就已经出现了长城的原始形态。秦汉时期是我国大规模修筑长城的第一个时期。此后历经隋、唐、宋、辽、金、元，各朝各代都有修筑长城的举措，但规模有限。

现存八达岭长城系明代在原有基础上所建，无论从工程技术水平和设防的严密程度，都远胜前朝。明太祖朱元璋采纳了"高筑墙"的建议，派大将军徐达、冯胜等，率军在北方筑关制塞，修筑长城。此后，经过270年的漫长岁月，18次大规模的修筑，终于建成了全长7300公里的万里长城。长城已不是单一的一道高墙，而是具有"层层布防"的纵深防御体系。

八达岭长城就是明万里长城的复线，称为"内边"。八达岭以北的岔道城一带还可以看到土墩遗址和土城墙（土边长城）。八达岭以南曾修了四道关城：南口、居庸关、上关、八达岭。

八达岭关城建于弘治十八年（1505年）。为了加强防御，嘉靖十八年（1539年）重修八达岭关城东门（居庸外镇）。嘉靖三十年（1551年），在八达岭西北三里建兵营，名岔道城，作为八达岭的前哨阵地。隆庆二年（1568年），抗倭名将戚继光对长城重新修筑，八达岭是修筑的重点。万历十年（1582年），重修关城西门（北门锁钥）。先后经过80年，成了城关相连、墩堡相望、重城护卫、烽火报警的防御体系。

清代以来，长城失去了防御作用，八达岭长城破败不堪，日渐荒废。中华人民共和国成立前夕，"居庸外镇"与"北门锁钥"两座关门已倒塌，其他敌楼、垛口和墙体也残缺不全。

中华人民共和国成立后，人民政府重视长城的保护。1952年，政务院副总理兼文化教育委员会主任郭沫若提议"保护文物，修复长城，向游人开放"，八达岭长城也成为万里长城最早向游人开放的地段。

八达岭长城区域面积因不同历史时期而有别。1980年以前，八达岭长城辖域为"北门锁钥"南北两段城墙和一部分宿舍区，总面积2.6公顷。2010年，八达岭所辖区域长城东侧起点为八

八达岭全景图（2006年）

达岭镇石佛寺村东南 1.22 公里处的"川字一号"敌台，经石佛寺村西侧（水关长城）向西北过岔道村南转向西南，止于八达岭镇石峡村南 4.1 公里处。所经之地群山连绵，沟壑纵横，景观雄美。"残长城"、水关长城作为被开辟的旅游新景点，相继列为八达岭长城景区一部分。

八达岭长城是对外的窗口，接待过多国国家元首、政府首脑、各类知名社会团体。作为景点开放时间最早、保护最好、规模最大、接待游人最多的长城段，八达岭长城以其独有的自然与人文景观，获得众多世界级和国家级的荣誉。1961 年，被国务院列为首批全国重点文物保护单位；1982 年，被国务院列为首批全国重点风景名胜区；1986 年，被评为"中国十大风景名胜区之首"；1987 年，中国长城被联合国教科文组织列入《世界遗产名录》；1991 年，代表中国万里长城接受了联合国颁发的"世界文化遗产"证书；1999 年，被国家评定为"全国文明旅游风景示范区"；2001 年，通过国际 ISO 14001 环境管理体系和国际 ISO 9001 质量管理体

系认证；2007年，被评为国家首批AAAAA级旅游景区。

时代变迁，雄关依旧。八达岭长城传承了中华民族深厚的文化底蕴，如一部恢宏的史诗，以其独特的自然与人文景观，吸引了全世界的目光。在中外文化交流中，其丰富的文化内涵是其他景观无法替代的。长城文化具有典型的符号意义，而八达岭长城作为长城文化的典型代表，其厚重的历史文化内涵值得我们深深品味。

八达岭长城

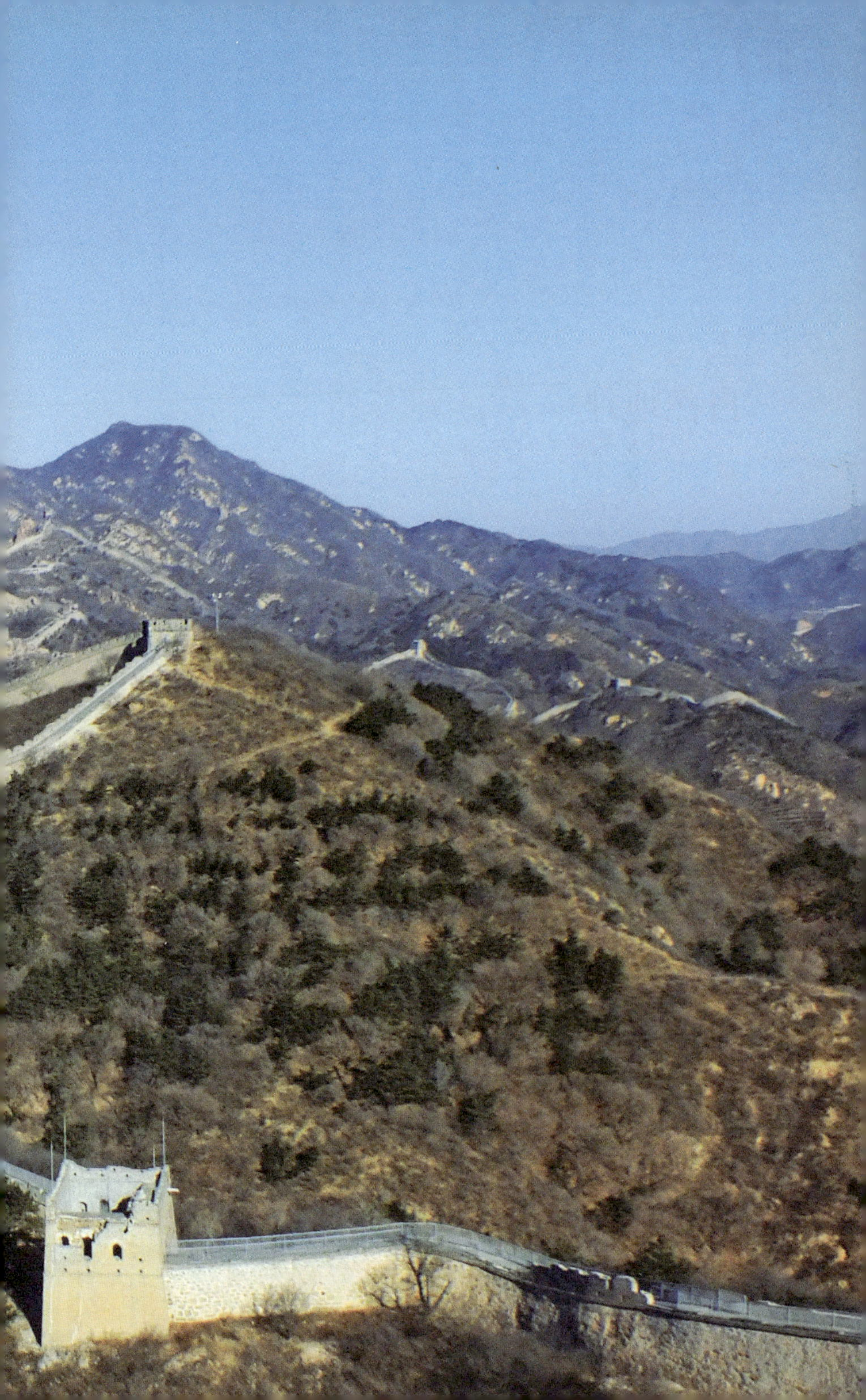

自然地理

　　八达岭长城位于北京市西北60多公里的军都山关沟古道北口，东经116°65'，北纬40°25'。所处之地自然、地理与延庆大部多有相同。

地质　地貌

地质

八达岭地区为中山地形区，属燕山山脉的军都山地。燕山山脉为中生代燕山期地壳活动的产物，在地质构造上属燕山沉降带西端，处于抬升地区，在抬升过程中，上覆岩层被侵蚀掉，侵入岩体露出外表。岩性主要为花岗岩，局部地区还有白云质灰岩和片麻岩。

据1992年北京规划设计研究院会同有关部门对八达岭—十三陵风景名胜区自然环境的勘探调查，地层特征表现为：

一、第四系松散堆积物

1. 新生界全新统冲洪积层；分布于西拨子—岔道沟中，上部岩性为黄色黏砂及沙黏土，下部为粉细砂。砂卵砾石及砂卵漂石，粒径大小不一，从沟谷上游到下游，颗粒由粗变细。

2. 更新统冲洪积层，分布于西拨子、三堡一带。上部岩性为浅黄、橙黄色黄土质黏砂、沙黏土，含有较多礓石；中部为卵砾石夹黏砂；下部为砂卵砾石层。

二、中生界沉积地层

关沟中段、北段有中生代岩浆岩（八达岭杂岩体），其间又残留有元古代地层。

1. 八达岭期岩浆岩，分布在青龙桥地区，岩性为似斑状花岗岩，岩体表层风化破碎，风化裂隙发育，局部地段发育有张性构造裂隙，宽度可达 10~30 厘米。

2. 土壤

关沟地区地带性土壤属山地褐色土，土壤的最显著特点是碳酸盐含量高，反映了地区土壤干旱类型特征。

根据土壤 pH 值、碳酸盐含量、代换盐基总量和剖面的不同特征，本区褐色土可分为淋溶、典型和碳酸盐三个亚类。

碳酸盐类褐土主要分布在 800~900 米以下低山的阳坡、半阳坡或坡麓地带的低丘上。除黄土母质上土层较厚外，坡地土壤厚度一般为 30~40 厘米，腐殖质层厚 15 厘米，通层有碳酸盐反应。

典型褐色土面积最广，主要分布在 800~900 米上下的阴坡、半阴坡。土壤发育在花岗岩或灰岩的风化物母质上。土壤厚约 40~50 厘米，腐殖质层厚约 20 厘米，碳酸盐反应在 25 厘米左右出现。

淋溶褐色土主要分布在 800~900 米以上，中山的阴坡、半阴坡，面积不大。土层厚约 40~50 厘米，腐殖质厚约 20~30 厘米，全层无碳酸盐反应。

地貌

八达岭地区面积 80% 为燕山余脉军都山地，地势西北高、东南低，山岭纵横，沟深谷远，海拔多在 600~1240 米之间，平均海拔 780 米，顶部海拔 1015 米，最低为 105 米，八达岭长城最高峰北八楼海拔 888.8 米。关沟为花岗岩山谷，北窄南阔。山坡多裸露花岗岩石块，谷底遍布花岗岩砾石，沟两侧有河流阶地和河漫滩等地域单元。

资 源

史料记载，八达岭地区古代为茂密的森林，由于修筑长城，历代用兵频繁，森林破坏殆尽，原有森林环境逐渐向干旱草原发展。动物种类与数量受到限制。

植被

天然植被主要为灌木群落和荒草坡，关沟内仅存有少量阔叶树种。山沟中尚有水生植物，1958 年初步定名的有 300 余种，分属 81 种 225 属。阳坡常见灌木有酸枣、荆条，草本多为白羊草、铁杆蒿，阳坡下层常见的草本植物有绣线菊、大花溲疏、蚂蚱腿子、胡枝子、锦鸡儿及野古草、苔草等。此外还有柴胡、桂梗、沙参、党参近 200 种草药植物。

区域的八达岭林场总面积 29.4 平方公里。自 20 世纪 50 年代林场建立以来，逐年营造人工林、幼林和复绿灌木群落，人工林现已大部郁闭成林，生态系统恢复良好，树种主要有油松、落叶松、侧柏、华山松、云杉、刺槐、元宝枫、杨树、山杏、黄栌等，初步改变了本区的植被结构，现有森林覆盖率已达60.7%。八达岭长城周围植被覆盖率达70%。

古树名木

古槐1株。属国家二级保护名木，位于八达岭林场南、京张公路老路边。该树胸径1米，高约15米，树龄无从查考。1971年春，国务院总理周恩来到八达岭视察，为古槐题词"古树留胜迹，恩情代代传"。1990年，林场组织力量对这棵古槐进行了重点维护管理。至今古槐生长健壮。

国槐2株。属市二级保护古树，位于八达岭景区西北500米岔道村，树龄约百年以上，两树胸径分别为3.3米和3.6米，高约20米，长势旺盛。

日本落叶松51棵。位于八达岭长城西侧南二楼至三楼之间。1972年中日建交后，日本首相田中角荣将此树种作为礼物送给中国人民。初栽时150棵，现存51棵。

动物

本区有列入国家级和市级保护名录的野生动物共90种，其中兽类 10 种、鸟类 68 种、爬行类 12 种。

一、列入国家一、二级保护动物（8 种）

黑鹳（一级）、金雕（一级）、红胸黑雁（一级）、其他鹰类（二级）、鹗（二级）、豺（二级）、黄喉貂（二级）、斑羚（二级）

二、列入北京市重点保护动物

兽类：貂、豹猫

禽类：啄木鸟、寿带鸟

三、列入北京市一般保护动物

兽类：草兔、猪獾、狗獾、黄鼬、刺猬

禽类：鸭科（25 种）、雉科（4 种）、杜鹃科（6 种）、燕科（6 种）、太平鸟（2 种）、伯劳科（5 种）及戴胜、岩鸽、百灵

爬行类：蝮蛇、游蛇

气候与水文

八达岭地区气候与延庆盆地基本一致，属温带东岸大陆性季风气候区，特点是春季干旱多风，夏季炎热多雨，秋季天高气爽，冬季寒冷干燥。八达岭关沟地处海拔较高的山区，为寒潮入侵通道，气候湿冷。

气温

全年平均气温 9.1℃，低于市区，略高于延庆县城。最热月为 7 月，平均气温 23.3℃，最冷月为 1 月份，平均气温零下 8.7℃；极端最高气温为 39.0℃，极端最低气温为零下 25.3℃；初终霜日分别为 9 月 28 日和 4 月 5 日，无霜期 156 天。

降水

全年平均降水量为 481.1 毫米，降雨主要在 7 月和 8 月，暴雨占 1/2，最大与最小降水量相差大，易造成涝、旱。初雪降于 11 月中旬，终雪期在次年 3 月下旬，年降雪天数为 13 天左右，12 月份降雪居多，积雪现象少。全年总蒸发量 1585.9 毫米，是降水量的 3 倍。春季蒸发量最高，为降水量的 10～15 倍。

风

全年以北和西北风最多，平均风速 3.4 米/秒，月平均风速 1 月最大，为 4.9 米/秒；其次为 12 月、2 月、3 月、4 月，均在 3 米/秒左右。瞬时最大风速为 24 米/秒。

日照

年均日照时数为 2813 小时，日照百分率为 64%。

水文

八达岭地区水文地质特征复杂，含水岩组孔隙含水层类型较多，情况各异。岔道、西拨子一带单井出水量为 500~1000 吨/天，而青龙桥一带以风化裂隙为主，在岩层表面有风化裂隙浅水，低洼地段可见少量泉水溢出，但无大型供水意义。早年关沟中多泉眼，汇流成溪水，终年潺潺，每到雨季，激流澎湃，1970 年后，由于干旱，气温升高，周围地区对地下水使用量增大，泉眼大部干枯，溪流仅有忽现的小股水。现关沟常年有水，但流量小，降水大多以地表径流的方式排走，故地下水不丰富。各条支沟有少量季节性流水。沟内洪水近百年来以 1939 年最大，流量为 1000 立方米/秒（相当于百年一遇），1956 年次之，为 500 立方米/秒（相当于 20 年一遇），洪峰历时很短。1939 年曾发生过少量泥石流，以后未曾出现。

历史沿革

"八达岭"之名,最早见于公元12世纪金人刘迎的长诗《晚到八达岭下达旦乃上》与《出八达岭》。元代,这里称"北口",是与南口相对而言。南口在今北京市昌平区境内,明、清及民国南口以北则属延庆。从南口到北口,中间是一条20公里长的峡谷,峡谷中有著名关口"居庸关"。"八达岭"之名还见于明代蒋一葵的《长安客话》:"路从此分,四通八达,故名八达岭,是关山最高者。"八达岭高踞关沟北端最高处,为居庸关的门户。明人王士翘的《居庸图记》指出:"居庸之险不在关城,而在八达岭。是岭,关山最高者,凭高以拒下,其险在我,失此不能守,是无关矣。"

春秋战国时期

长城是一条以城墙为线，以关隘为支撑点，纵深梯次相贯，点线结合的巨型军事工程体系。原始人类过渡到以农业为主的定居生活之后，便在居住区周围挖沟筑墙，作为保护自己的防御措施。商周时已发展成具有防御功能的城堡，遍于各地及边境。

八达岭地区在西周时期属于古燕国，其境域范围主要包括今河北省北部和辽宁西端，建都于蓟（今北京城西南），又以武阳（今河北省北部易县南）为下都。

八达岭长城所在之地，春秋时期曾生活着北方少数民族山戎的一支重要部族，他们在军都山南麓的妫川平原生活了几百年。山戎不断越过关沟南下侵扰燕国。公元前663年山戎再次进攻燕国时，齐桓公曾亲自率军救燕征伐山戎。古燕国于公元前295年始筑长城。筑有南、北两道长城。《史记·匈奴列传》载："其后燕有贤将秦开，为质于胡，胡甚信之。归而袭破走东胡，东胡却千余里。与荆轲刺秦王秦舞阳者，开之孙也。燕亦筑长城，自造阳至襄平，置上谷、渔阳、右北平、辽西、辽东郡以拒胡。"时延庆属上谷郡。

古燕国长城上谷塞段据考证即是八达岭北面三里的长城，其走向与明长城大体一致。

秦汉至元朝时期

公元前221年，秦始皇建立大秦帝国。此后为防止北方匈奴民族的威胁，确保中原地区的安全，于公元前214年命大将蒙恬带兵30万，北逐匈奴、修筑长城。蒙恬利用了战国时期燕、赵、秦三国北部长城的基础，进行大规模的修复、连接和增筑，前后修筑长城5年。随着秦王朝新拓疆域，向北延伸，沿线设置12郡，分段防御，从而使西起临洮、东至辽东的整个长城防线，连贯如一，逾万里之上。此后许多朝代，汉族和其他少数民族入主中原的统治者都修造过长城。

刘邦称帝的第二年（前201年），下令修缮了秦昭王时所筑的长城。汉武帝时，有4次较大规模修筑长城。

《汉书》记载，在今八达岭地区，曾设军都、居庸两座关城。

汉长城历经汉朝武、昭、宣、元4代二百余年，构筑成东起令居、西抵轮台、南自氐池、北至居延的亭障烽燧系统。

1500多年前的北魏，曾在八达岭一带修筑长城。《魏书·世祖本纪》记载，北魏拓跋氏太平真君七年（446年），魏世祖拓跋焘在国都平城（今大同）以北修筑长城，名曰"畿上塞围"，意为捍卫京畿地区的军防工程，东起上谷军都山，西至黄河岸，广袤皆千里，以拱卫京都。"六月丙戌，发司、幽、定、冀四州十万人，筑畿上塞围，起上谷，西止于河，广袤皆千里"，"九年二月，罢塞围作"。时上谷郡治移至今延庆（县城），长城东端为县南端的八达岭上，基本走向是：自今延庆南境的八达岭趋向西南，跨越小五台山、蔚县和涞源两县间的黑石岭（飞狐陉），入山西省，过灵丘县境的沙河源头（天门关），转西循恒山过今浑源、应县之地，代县的雁门关，转趋西北过宁武县阳方口（楼烦关）、神池、朔县诸地，沿偏关河而西止于黄河东岸。其平面布局略呈向南凸起的弧形，围护着北魏京都的东、南、西三面。

北魏孝武帝永熙三年（534年），孝武帝逃往关中，丞相高欢另立元善见为帝，迁都邺（今河北省临漳县西南），北魏从此分裂为东魏和西魏。北魏分裂后，543年，东魏"丞相欢筑长城于肆州北山，西至马陵，东至土蹬"，以防西魏与柔然联兵进攻。

北齐共历六帝28年，亦重视修筑长城。北齐北部长城主要用于防御突厥、契丹等外族入侵，西部长城则主要为防北周东进。据《北齐书·文宣帝纪》记载，公元552年，由黄栌岭（山西汾阳西北）向南，修至东魏长城西端附近的社干戍，共200余公里。次年又"发夫一百八十万人筑长城"，并派高睿"领山东兵数万督修"。当年完成了"自幽州北夏口（北京南口）至恒州（山西原平西）"一段，与东魏长城东端相接。至556年，北齐北部长城基本完工。西自西河总秦戍（山西永和附近黄河岸边），东至于海，"前后所筑东西凡三千余里。率十里一戍，其要害置州镇、凡二十五所"。

北齐长城遗址

　　北齐天保八年（557年），北齐又于"长城内筑重城，自库洛拔而东至于坞纥戍，凡四百余里"。北周灭北齐后，又对北魏、北齐长城加以修缮。天保十年（579年），周静帝"诏翼巡长城，立亭障，西自雁门，东至碣石，创新改旧，咸得其要害"。西晋、北魏、东魏、北齐、北周所修筑的长城，总计长度在2500公里以上。秦汉时的旧城故塞，历经这一时期的修缮增筑，又换了一副新的面貌。

　　隋立国后，边境较为安定。长城工程在文帝时有4次修建，规模不大。北宋为防契丹、西夏，于沿边营造成串的堡寨。金灭辽破宋，统治北部中国。世宗时期，为镇压北部诸属部，一面连年征战，一面开始在北部沿边构筑堡戍，挑掘壕堑，直至金亡方告罢休。

明、清、民国时期

明朝为了巩固北方的边防，自立国起便修筑长城用以防御北方民族，直至明亡的270多年间，几乎没有停止过修筑长城和经营边防。统计史籍记载，自洪武初年（1368年）至万历末年（1563年），就曾20余次较大规模地修筑长城。

明代长城东起辽宁鸭绿江（今学者确定东端为丹东虎山），西至甘肃嘉峪关讨赖河东岸，横贯今辽宁、河北、天津、北京、内蒙古、山西、陕西、宁夏、甘肃等9个省、自治区、直辖市，全长达7300多公里，是中国历史上费时最久、工程最大、防御体系和结构最为完善，也是现今保存最好的长城工程。

八达岭是蒙古南下的军事要道，军都山又是京师和明朝陵寝的直接屏障，作为京师通往塞外的重要关口，这一带的长城修建工作一直受到朝廷的高度重视。北京周边沿长城一线置宣府镇、蓟镇等防守区，嘉靖年间又分设了昌平镇，派总兵分驻把守。在长约20公里狭长的关沟中，设有八达岭、上关、居庸关、南口4座城堡。八达岭长城的主体修建在明朝。明初八达岭被称为"居庸外镇"，是重要防守营堡，属北平都司管辖。

自明洪武年间徐达、冯胜等人修筑居庸关、嘉峪关之后，历朝多有续修，但规制并不统一。

洪武元年（1368年），征虏大将军信国公徐达、副将军鄂国公常遇春收复大都，始建居庸关城。明成祖朱棣即位后，对长城的营建更加重视。在永乐八年至二十二年（1410—1424年）的15年间，先后5次发兵，深入漠北，迫使瓦剌和鞑靼分别接受明王朝的册封。平定境内局势后，开始全面修筑长城工程。宣德三年（1428年），工部侍郎许廓扩建居庸关城。明正统十四年（1449年）"土木之变"后，修筑北方长城，为明朝当务之急。明嘉靖二十九年（1550年）蒙古土默特部首领俺达汗因贡市不遂而发动战争，威胁京师，明廷对蒙古采取了"以守为经"的方针，重视长城修筑。

这一时期修建的长城比以前加高加宽，大量用砖包砌，墙上有垛口女墙，绵延如练，且跨墙加筑墩台，又创建砖石空心敌台，

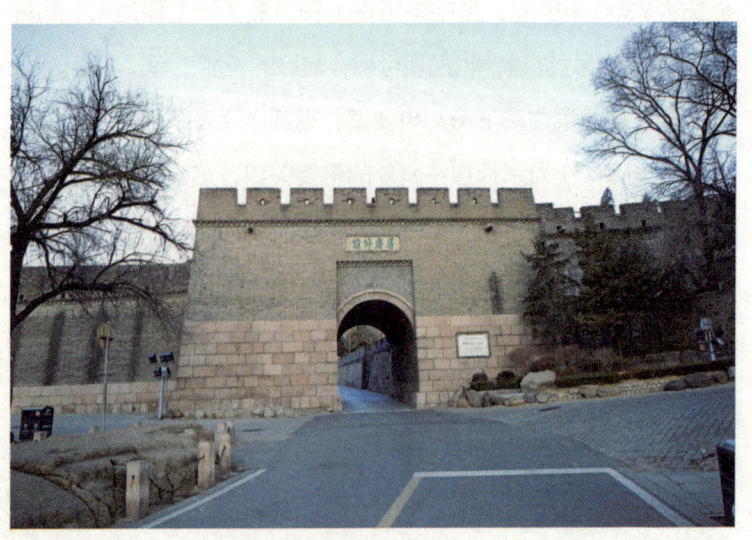

居庸外镇

万余里的边墙，高度可达 8~9 米，最高处可达 10 米以上，宽度顶部可达 6 米，最宽处也可达 10 多米。

景泰二年（1451年）明廷添设经略大臣，阅视边务，并重修居庸关城，景泰六年（1455年）完工。命工部造碑，翰林院撰文，刻置关上。《明英宗实录》载："景泰六年六月己丑十五，修居庸关城，毕工，命工部造碑，翰林院撰文，刻于关上。"碑文为华盖殿大学士泰和陈循撰文。王士翘《西关志》中载，关城周围一十三里半又二十八步有奇，南北城各高四丈二尺，厚二丈五尺，各设券城重门二座，城楼各五间，券城楼各三间，水门各二空，南城西水门闸楼三间；四面敌楼十五座，共城楼五十七间；关城外南北山险处，共筑护城墩六座，烽埃堠墩十八座。

弘治十七年（1504年），大理寺右少卿吴一贯担任经略边务大臣。同年六月，鞑靼小王子进攻宣府，太监苗逵请率师出征捣敌营，兵部尚书刘大夏谏止，只屯兵喜峰口、燕河营加以防御。吴一贯规划创建八达岭城，于弘治十八年（1505年）告成。八达岭城上跨东西两山，下当两山之冲，除建成一座周围约九十四丈五尺的瓮城外，还有六百八十丈的长城，城高二丈五尺，厚二丈，南北城楼城门二座，敌楼二座，城铺二间，扩城东山平胡墩一座，西山御戎墩一座，成为隆庆卫紧要外口。命守备一员带兵五十三名驻守。

正德十年（1515年）秋，鞑靼部从宣化东北大白杨入侵，到八达岭，大肆杀掠，将窥居庸关。兵部尚书王琼急请调都督刘晖，参将桂勇、贾鉴等率军防御。鞑靼见有准备，退去。王琼命刘晖增修八达岭边墙,往东跨东山到川草花顶上,接灰岭口,一直接上黄花路驴儿驼界;往西接石峡峪,一直到镇边路白羊城软枣顶,筑楼台90余座,形成两翼长城,设兵防守。以后一直到嘉靖年间,修缮边墙,清理壕堑,防御寇虏。

嘉靖十八年(1539年),重修八达岭关城东门(居庸外镇)。嘉靖三十年(1551年),在八达岭西北三里建兵营,名"岔道城",作为八达岭的前哨阵地。成化时期,由于延绥巡抚都御史余子俊调集军民大修长城,使侵入河套的鞑靼退兵,边墙完成后八年之久不敢犯边境。

隆庆二年(1568年),边患日紧,明廷于是起用东南抗倭名将谭纶为兵部左侍郎兼右佥都御史,总督蓟辽保定军务,戚继光总理蓟昌保练兵事宜,在蓟州主持北方防务。

戚继光首选沿山海关到居庸关一带,将原简陋的边城,改建成有空心敌台、可以两面御敌的砖石结构长城,加强长城防御功能,八达岭是其中修筑的重点。按照戚继光的描述,"于缓者百步,冲者五十步或三十步,即骑墙筑一台,如民间看家楼。高五丈,四面广十二丈,虚中为三层,可住百夫。器械糇粮,设备具足。中为疏户以居,上为雉堞,可以用武"。万历元年(1573年),八达岭长城建成,东起石佛寺口,西至糜子口,长20.5公里。

万历十年(1582年),重修关城西门(北门锁钥)。八达岭长城先后经过80年。

清代《日下旧闻考》载,八达岭下辖七个隘口。一、石佛寺口。"正口两山壁立,中通沟路,难行。"在东南方向,其附近山岭起伏，只可步行。二、青龙桥东口。"山势内平外险"。在石佛寺口北，从东头青龙桥墩以东到北山墩以西，山势平缓，但从东口到石佛寺口，两山壁立，中间只一沟路，难行。三、黄瓜谷口。"亦内平外险"。青龙桥北，谷口外平漫空阔，极其冲要。四、八达岭口。"内外平漫，为宣大咽喉，极冲"。关城北。五、黑豆谷口。"内外平漫，威靖墩至冲谷墩，通众骑，余通骑，冲"。从八达岭往西南尤以威靖墩至冲谷之间为甚，其余地段较平漫。六、化木梁口。'内险外平，人马可行。'中间三墩口外可通众骑，相其冲要。七、于家冲口。以西有青石顶墩通于家沟。"俱通众骑，冲，余通步，缓"。青石顶山势外平内险。

女真崛起于辽东，逐渐控制蒙古诸部，大规模举兵入边，成为明朝新的威胁。明廷不能禁、长城不能御。1644年，李自成农民军入北京，明朝灭。

清初，八达岭地区没有发生大规模的战争，长城失去"防御"作用，随岁月剥蚀，八达岭长城日渐荒废。关城西边"北门锁钥"的城台，残毁过半。长城城墙的墙身、宇墙、垛口、墙台、敌楼等多断壁残垣。1900年，八国联军几次经过八达岭，对沿途地区多有侵扰。

民国时期，形势动荡，军阀混战。1926年7月，国民军与直奉鲁联军在南口、居庸关、青龙桥、八达岭等地先后展开激烈炮战。8月，国民军自南口向绥远撤退，奉鲁联军之第七军占领南口，史称"南口大战"。奉军据有八达岭。1927年5月，奉军从八达岭退至北京，后向山海关外撤退。晋军再进驻八达岭以北。

1928年6月，蒋介石在北京西山碧云寺召开会议，察哈尔省建立，八达岭北划归察哈尔省。1935年6月，29军与日本屯军代表签订"秦土协定"，规定察哈尔东部地区为非军事区，中国军队全部撤离八达岭以东地区。1937年7月，日本发动全面侵华战争。8月，伪蒙疆自治政府和伪华北地区自治政府以八达岭为两个伪政府的分界线，伪满洲国军队进入八达岭以东地区，延庆成为三个伪政府结合部。1938年6月，八路军第四纵队从平西经八达岭挺进冀东。1945年8月21日，平北军分区副司令员钟辉琨率新六团到八达岭下，灭伪军百余人，解放八达岭西重镇康庄，阻止了日军南逃。此后，八达岭成为中国共产党解放区和国民党统治区分界线。

此时的八达岭，经战乱和人为破坏，"北门锁钥"两座关门倒塌，其他敌楼、垛口和墙体破败不堪。

北线北六楼、北七楼、北八楼

中华人民共和国时期

中华人民共和国成立后,人民政府对长城的保护、维修及综合利用给予高度的重视。从 1950 年开始,在中央人民政府和主管部门所发布的文物保护命令、指示、条例中都把长城列为重要项目,并派出专家、学者对长城进行了初步考察。

1952 年,时任政务院副总理兼文化教育委员会主任的郭沫若同志提议保护文物,修复长城,向游人开放。从此,长城保护得到政府的高度重视。自 1953 年起,长城专家罗哲文、朱希元等多次到八达岭长城实地考证勘测,提出了科学严谨的修复方案,开始了中华人民共和国成立后的长城保护维修工作。八达岭长城是万里长城向游人开放的最早地段。

1953 年至 1957 年间,国家从紧张的财力中,几次拨出专款,对八达岭长城进行了较大规模的修复,重修"居庸外镇""北门锁钥"两门及南北各 4 个墙体、敌台,基本恢复了八达岭长城的原貌。1958 年八达岭长城正式向游人开放。1961 年被国务院列为首批全国重点文物保护单位。

20 世纪 70 年代初期,八达岭长城开放面积为关城、长城南北 4 个墙台 1100 米活动范围,对外宾游览范围限地段,西至岔道梁、东至天险沟。1978 年,北京市园林局投资 22 万元,将"居庸外镇"按原样修复。

　　1981年，北京市政府决定成立八达岭特区，长城的保护开发进入健康轨道。1982年，八达岭长城被国务院列入第一批全国重点风景名胜区。1983年，北京市文物局拨出专款150万元，修复了北四楼至北六楼段长城433米、敌台2座。1984年，八达岭特区办事处又自筹资金45万元修复八达岭北六楼至北八楼段长城334米、敌台2座。

　　1984年，由《北京晚报》《北京日报》《经济日报》等单位发起"爱我中华　修我长城"维修长城社会赞助活动。邓小平写下"爱我中华　修我长城"的题词。此后，政府拨款和民众捐款相结合，对许多重点地段的长城进行了维修、修复及新修。八达岭长城先后修复敌楼19座、城墙3741米，使游览总面积达到

北线北三楼

八达岭长城（1880年）

1.9万平方米。同年文物普查：八达岭长城东起石佛寺，西至延庆、昌平、怀柔三县交界处南天门，共长2311455米，城台94座。1986年，八达岭长城被评为"新北京十六景"之一。1987年中国长城被联合国教科文组织列入《世界遗产名录》。1987年，八达岭长城修复城墙3741米（南七楼至北十二楼），敌楼19座，基本形成了现在纳入国家级文物保护单位的长城段游览规模。1988年秋至1989年末分别修缮了北一、二、四楼和南四楼楼顶，"北门锁钥"平台至南一楼之间内侧墙体复原维修130米。

　　1991年8月，八达岭长城作为万里长城的精华，在北京故宫博物院接受了联合国教科文组织颁发的"世界文化遗产"证书。同年12月，在珠海举行的中国旅游胜地四十佳评选活动揭晓命名大会上（全国候选景点94个，回收有效选票48万张），八达岭因其景点著名，以 37 万张的绝对多数票，成为中国旅游胜地四十佳之首。

  1992 年 12 月 19 日，北京市人民政府《关于加强八达岭—十三陵风景名胜区规划管理的规定》指出：八达岭—十三陵风景名胜区，东至昌平县（今北京市昌平区）黑山寨沙岭，西至延庆县岔道城。在八达岭—十三陵风景名胜区规划范围内，根据文物古迹、景点景观、古树名木等的分布情况和地形地貌等自然环境，划定一、二、三级保护区。1994 年，在北京市文物局的支持下，对八达岭长城"水关段"进行修复，先后投入资金 400 余万元，修复长城 3620 米。1997 年 3 月，对南一、二楼局部进行了复原性维修；对墙体开裂的北三楼局部采取支撑加固措施，进行了抢

北线北十楼

八达岭长城登城的头一个平台　八达岭长城登城的头一个平台（2005年）
（1885年）

救性维修。

　　1998年，八达岭特区以"淡化景区商业气息，恢复长城历史原貌"为原则，对关城内东兵营、南兵营、察院公馆、南城墙等文物古迹进行复建，再现了关城古朴的历史风貌。

　　2001年，八达岭长城被评为国家AAAA级景区。2002年，八达岭长城代表万里长城接受了英国吉尼斯总部颁发的"世界上最长的墙"的吉尼斯纪录。2004年以来，国务院、北京市政府、延庆县（区）政府相继出台了《长城保护条例》《北京市长城保护管理办法》《延庆县长城保护行动纲要》等法律、法规，为八达岭特区科学合理地保护长城提供了法律依据。

　　八达岭国保段（被纳入国家级文物保护单位的长城段）从南十六楼半至北十九楼共计长度7441米（含开放段3741米），其余3700米的墙体和16座敌楼、敌台为未开放段。按照北京市文物局的要求，本着文物修缮"修旧如旧"的原则，采用传统材料和传统工艺做法，进行抢险加固。北京市文物建筑保护设计所制订了《八达岭长城南七楼—南十六楼抢险加固保护方案》和《八达岭长城北十三台楼—北十九楼抢险加固保护方案》，经专家论证后，得到国家文物局批准。

从 2006 年 6 月 10 日中国第一个文化遗产日开始至 2010 年 6 月，历时 4 年，八达岭特区办事处投资近 1600 万元，分两期对八达岭长城未开放段的南七楼至南十六楼半 1245 米墙体、9 个墙台、敌台和北十三台楼至北十九楼的 2455 米墙体、7 个墙台、敌台进行抢险加固保护工程，共维修墙体 3700 米和 16 个墙台、敌台。

2007 年，八达岭长城获国家首批 5A 级景区的称号，同年在葡萄牙首都里斯本世界新七大奇迹评选中，中国长城名列新七大奇迹榜首。

2008 年奥运会前后及迎接中华人民共和国成立 60 周年期间，北京市、延庆县政府和八达岭特区共投入 10.8 亿元用于景区文物保护、环境整治和基础设施建设，完成了两期四大类 43 项升级改造工程。特区成立后，经过 30 年的发展，八达岭景区现已形成以八达岭长城为中心，包括水关长城、残长城、岔道古城、中国长城博物馆、全周影院等主要景观、景点在内的基础设施完备、服务功能齐全的综合型景区。

附：古道略说

八达岭地处燕山山脉军都山麓，自古以来就是交通要道和军事要塞。古代的"太行八陉"的"军都陉"就指通过居庸关至八达岭的关沟古道，是古代出燕入晋北去内蒙古塞外的咽喉之路。从古至今，八达岭都担当着交通要道的角色，并且也是军事防御最为严密的地区。

历史上，多个朝代多位帝王、主政者以及众多名臣、名士等都曾往来于关沟古道之间。历史上很多重要的历史事件也与这条古道相关。

在元代，从大都（今北京）通往上都的三条道路中，有两条经过今天的延庆，即四海冶路和居庸关大道。而居庸关大道又从延庆开始分为缙山道、西路、驿路等。居庸关大道是指从元大都出发，经清河、榆河、新店、龙虎台，出居庸关，到达延庆的三堡村。然后经由三堡出八达岭或北行抵达妫川。三堡村虽然不大，但却是这条古道上的重要节点。从三堡出发，经八达岭、岔道、外炮、榆林驿、怀来（旧城）、狼山、统幕、鸡鸣驿、宣德府（今宣化），出今张家口，至兴和路（今张北），转向东北上都。这条路被称为西路。由三堡向北，经今延庆小张家口、红门、沈家营、大柏老、旧县（原缙山县）、车坊、黑峪口、十八盘岭、白河堡等地，又经赤城县的长伸地、龙门所，向东过长城，再沿着黑河上游谷地而至上都。这条路被称作缙山道、黑峪道或色泽岭道。

　　出八达岭后的岔道城则是这条古道上的第二个节点。从岔道出发，一条路继续往西，经外炮、榆林驿，即大道的两路，也就是现在八达岭高速公路的方向。据明代《重修居庸关志》记载，明朝曾在居庸、榆林、土木等地设有驿站，在岔道、帮水峪、花园等处设有专门投递军事情报的"急递铺"。另一条路从岔道往西再往北，经过今天的东曹营、大浮坨，然后直奔延庆县城方向。在历史上这是八达岭地区通往延庆城的最主要通道，从北京来的客商，以及八达岭南部的一些村庄的村民要想去延庆城，都要从此经过。今八达岭镇大浮坨村历史上曾筑有城堡，经过南门和北门的通道就成为南北通行的必经之路。此外，出岔道西门往北，经岔道山后小路，经程家窑村东、奔小泥河方向，也是一条古道，可以与缙山道和去延庆的古道交会，今岔道村山后仍断断续续地保存有鹅卵石铺砌的路面。

　　八达岭面北而阔，面南群山起伏，山间的沟谷衍生出很多分支，贯通关内关外、延庆南北，其作为重要的交通枢纽延续了数千年。

文物建筑

八达岭原为隘口,后建关城。明隆庆三年(1569年)至万历十年(1582年)在各口修建障塞,并在各口两侧的山上建起边城、梢墙、挡马墙等,后来逐渐增建为长城,并修筑敌楼、墩台。中华人民共和国成立后,八达岭长城经多次修缮,已由关城、城墙、敌楼、烟墩等构成的军事防御工程变为世人景仰的文化遗产。

关　城

　　关城位于八达岭长城关口处，原为古道关口，今是与长城一体的景观。史称居庸关北口，与南口相对，为居庸关门户。明弘治十七年（1504年），经略边务大理寺右少卿吴一贯规划创修八达岭关城，副总兵纪广负责督造，于次年告成。关城墩台高大厚实，平面为东窄西宽的梯形。关城设东、西关门，西城墙下部用10余层花岗岩条石垒砌，上部砌大城砖。墙宽20余米、厚17米、高7.8米，是万里长城中最壮观的墩台之一；关城顶部为长方形

八达岭古道（1925年）

八达岭古道（2005年）

城台，长 19.8 米、宽 14.15 米，面积 280.17 平方米，四面筑女墙垛口，放置架炮搭弩。城台两侧 30~40 米处，各建敌楼 1 座，以墙连通，如同关城的两座耳城，与关城构成掎角之势。

关城下方城门洞顶砖石券门，宽 3.9 米、高 5.06 米。城门洞上，古时安装大的双扇木门，门面铆钉嵌铁皮，门内安装有杠顶柱和锁闩，平时大门敞开，行人商旅自由出入；战时城门紧闭，严实坚固。一旦发出反击号令，城门洞又是千军万马发起冲锋的出口。门洞地面咫尺之间，属两个水系的分水点。门外水流向妫川入永定河，门内则为温榆河的尽头，入北运河。

关城城墙厚 3.3 米、周长 2070 米、高 7.6 米。东、西门相距 63.9 米，城内面积约 5000 平方米。嘉靖十八年（1539 年）立东门，门额书"居庸外镇"；万历十年（1582 年）立西门，门额书"北门锁钥",匾题"钦差总督蓟辽等处军务兵部尚书都察院左副都御史山阴吴兖、巡按直隶监察御史新喻敖鲲,万历拾年岁次壬午五月吉日立建"。城内原有守备公署、察院公馆及军士住宿的营房,东门外原有一座庙,名望京寺,内有石岩凿成的大悲佛像;西门外原立有牌坊,横额书"驱胡万里",这些建筑已倾圮无存。

城　墙

城墙是组成长城防御体系的主体部分,因其建造于边塞上,又常称为"边墙""大边"。它是把阻止、据守及掩蔽等功能集中于一体的线式防御工程建筑物。它越山岭,跨巨川,穿沙漠,过草原,蜿蜒绵亘于我国北疆,把成百座雄关、隘口,成千上万座敌台、烟墩连成一体,成为我国古代建筑工程史上的一项奇观。

城墙的建筑形象、结构类型、材料作法,不仅不同时代有着较大的差异,即使同一朝代,也因地形环境不同、施工条件不同各有特色。

长城的墙体,主要有版筑夯土墙、土坯垒砌墙、石砌墙、砖砌墙、砖石混砌墙5种形式。版筑夯土墙以木板为模,内填黏土或石灰,一层层用杵夯实而成,也是我国最早的构筑城墙的方法,用此法修筑的城墙耐风雨侵蚀,但容易被敌方破坏。它的底宽顶窄,顶部宽度一般有墙宽的1/4至1/5,有明显的收分,具有一定的承载能力。战国时期，赵、燕、魏长城是最先采用此法修建的。土坯垒砌墙是用黏土先做成土坯，晒干后再用黏土做胶结材料，像砌砖一样垒砌而成，墙面外再抹一层黄泥做保护层，这种墙的承载能力以及所起的作用，基本与版筑夯土墙类似，同样它也耐风雨长久侵蚀。汉代河西长城的不少地段、金长城部分区域，以及明长城嘉峪关的部分城墙，均用这种方法筑成。

战国时期各诸侯国所筑长城，主要有土筑墙和石垒墙两种。平地上用黄土夯筑成墙。山地或产石地区则用石块垒砌成墙，一般多用毛石垒成。到秦汉时期，因当时生产条件限制，加之修筑长城规模巨大，只能就地取材，因地制宜，在黄土高原上用版筑夯土墙或土坯墙，无土处就垒石为墙。到明代，长城大体是按三个等级修筑的。一等边墙多修在要塞部位。以方条石为基座，墙

利用巨石修筑的八达岭长城

垛墙

身外两侧用砖或条石砌筑，墙心填以灰土毛石，上面的垛口和女墙一律用砖砌成，顶部以砖铺墁，供人马行走。二等边墙墙身外侧用砖和条石砌筑，内部毛石填体，内侧做虎皮石墙面，并用白灰勾缝。三等砖墙则多就地取材，一般毛石砌筑，两侧做虎皮墙面，墙的厚度、断面尺寸、顶部作法则根据条件和地形、防御需要而异。

在历代长城的修筑中，许多地方是用自然石砌成的，这种城墙能承受很大的垂直负荷。用自然石或条石砌筑墙体的两侧，内填散石泥土而成，明代把自然石加工为条石，采用石灰掺糯米汁做胶结材料，并开始大量使用青砖包砌城墙内外壁，以增加墙身的坚固程度。多地城墙皆用条石做基础，上面用规整统一的城砖，垒砌内外两壁和顶部，内外壁之间用碎砖、砾石和黄土层层夯实。城墙基础底部，一般深入地面以下2~5米，底脚宽于城墙1~2米，以保证城墙墙基牢固。整个城墙取梯形垒砌，砌筑城砖，每层犬牙接榫相咬，增加内部拉力。墙顶用砖铺成地面，内侧用砖砌成女墙，外侧用砖砌出垛口。垛口上部留有瞭望孔，下部有射孔。

八达岭长城作为主要防御地段，墙体较厚、较高，顶部稍宽，能容战士在城墙上机动灵活地进行战斗，并筑有较密的敌台。

明代，八达岭属于当时京师西北的一个交通枢纽，同时也是军事重地。明廷对此十分重视，建筑工艺与规格也相对较高。八达岭长城的城墙是砖石结构的代表，用整齐的条石砌墙身外侧，内部填充灰土碎石，结构坚固，平均高7~8米，基宽6~7米，顶宽5~6米。大部分墙顶用方砖铺砌，宽阔平坦，可以"五马并骑、十人并行"；青龙桥一带，山陡坡险，墙顶较窄，最窄处仅2米多。

城墙一般建在分水岭（山脊）稍偏外侧部位，外侧墙高，内侧墙低。墙两侧用花岗岩石条包砌，石条宽0.5米、高0.4米、长0.8~1米不等，最长石条达3.1米，重1.5~1.7吨。无论陡峭山坡或平缓地段，石条均逐层水平垒砌，纵横交错，横架竖垒，咬合成一体，合缝处灌以灰浆。墙体内填泥土、石块，用夯砸实。墙身随山岭起伏，遇陡峭之处墙面过大、行走不便则以砖砌出踏步，做成梯道。墙身内侧，每隔一段接设一券门，门内有砖梯或石梯通到墙顶上，供守城士兵上下。

墙上体为3~4层城砖，用石灰膏黏结灌缝。城面上用墙砖铺砌，使墙顶平整。顶面上还设有排水沟，并每隔一段设一较长的吐水石槽，将雨水引出墙外，以防雨水冲刷墙身。墙砖长0.4米、宽0.2米、厚0.1米，每块砖重15千克，在坡度较大的陡峭地段，筑成梯道，便于上下。墙顶两边有砖砌矮墙，外侧叫雉堞或垛墙，内侧叫宇墙或女墙。垛墙为迎敌面，墙高1.7~2米，便于掩护人体，一般在人体胸部高度开始筑垛口，垛口之间距离约1米。

垛口的砖是特制的，一边为斜边，码在口上，呈扇面状，外宽内窄，观察面大。挡垛上部设有瞭望孔。墙下部砌有射击孔，用以射箭投石。部分射孔和瞭望孔的砖面上雕有图案花纹。内侧女墙高约1米。垛墙和女墙都用城砖砌成，墙顶用一层脊砖。脊砖两边低中间高，或内侧高外侧低，便于排水。城墙顶部形成有墙的巷道，在两边墙根砌有小水槽，积水沿水槽流到较低处的女墙下部，经出水孔把水引至墙外的吐水嘴上，流泻城墙外。吐水口是1米多长的石槽，在长城内侧，伸出墙体以外。每隔一定距离，城墙下部即开有一个登城口。口为券门洞，高1.8米、宽0.8米，门框用4块规格一致的石料组装，门内有石阶，通向城墙顶上。

八达岭的垛口与敌楼

城墙在跨过溪流、沙河的地方都用砖砌成水门,有的大如城门,如石佛寺水关;有的较小,像一座桥,城墙从桥上经过。城墙经过小路时留有一个过门,平时可以出入,战时堵塞。

长城排水嘴、接水托盘

敌　楼

　　敌楼是指建于长城城墙上,并凸出于城墙外侧用以防御攻城之敌的高台,也称敌台。北宋曾公亮在《武经总要》中描述的敌楼是建于马面上,向外悬挑的木结构高台,每面一间二柱或三间四柱;向外三面安装厚木板,开箭窗;上面平铺木椽,做平顶;顶上覆厚土以防矢石;有的部位还裹以牛革以防火箭。

　　明长城上的敌台,多骑墙而建,称为"空心敌台"。这种空心敌台是明代名将戚继光主持修建蓟镇长城时创建的。据《四镇三关志》记载,这种做法是"在长城边墙上区别冲缓,计垛授兵,极冲者一垛四五人,次冲者一垛二三人,缓者二三垛一人。在冲要的地方,都修筑空心敌台,每台主、客兵六十人,三十人守台,

敌楼内部

内立一台长；三十人守垛，分为六伍，每伍内立一伍长。缓处仍据守附墙台，每台建一窝铺，宿兵贮器。守兵十四人，遇警外添六人，分作二伍。每台一百总，五台一把总，十台一千总，空心，附墙一体编派"。

　　这些空心敌台一般由上、中、下三部分组成。下部为基座，用大条石砌成，高与城墙相同。中部为空心部分，有的用砖墙和砖砌券拱承重，构筑成相互连通的券室；有的用木柱和木楼板承重，外侧包以厚重的砖墙，形成一层或二层较大的室内空间，以供士兵驻守、存放粮秣和兵器。上部为台顶，多数敌台台顶中央筑有楼橹，供守城士兵遮风避雨；也有的台顶铺墁成平台，供燃烟举火以报警，而无楼橹。上下台顶，有时在楼层间开洞，利用绳梯，有时在较厚的砖砌体中留出仅供一人通行的通道。中部箭窗的数量随敌台大小而异。一般每层前后各开三窗，左右各两窗一门。较大的敌台每面开四或五个箭窗。从现存几百座蓟镇长城的空心敌台分析，这些敌台都随地形和功能需求，设计巧妙，各不相同，其间距在80米至330米之间。

八达岭长城各敌楼形制相仿又各具特色，其中有巡逻放哨用的墙台，也有上、下两层的敌台，上层周围设垛口和射洞，下层为士兵住宿和存放物资的房舍。台堡的距离根据山势和地形而设。一般敌楼为两层，高10米、长宽均10米，全部为砖石结构，第一层和第二层顶部做成许多拱券，有梯道上下。两层均有射击口、瞭望口和吐水嘴，楼上有垛口，台凸出墙外，收于台内。

八达岭长城多骑墙敌台或空心敌楼，跨城墙而建，分二层或三层，高出城墙数丈，开拱门、箭窗，内为空心，守城士卒可以居住，储存火炮、弹药、弓矢之类武器，顶面建楼橹，环以垛口，供瞭望之用。凡险要处数十步或百步一台，或二百余步一台，两台相救，左右而立。造台方法：下筑基与城墙平，外出一丈四五尺余，内出五尺有余，中层空豁，四面箭窗，上层建楼橹，环以垛口，内卫战卒。下支火炮外击敌人。敌矢不能及，敌骑不敢近。每台设专人调度攻打及掌管台内军器辎重，两旁共容军士三五十名不等。五台一把总，十台一千总，节节而制。八达岭长城骑墙敌楼共有94座，大部分因年代久远坍塌。这些敌楼各具特色，现已修复南四楼、北四楼及北五楼等。

南、北四楼。关城南、北两峰上，各有4座敌楼，俗称南四楼和北四楼，是八达岭长城最早开放游览的地段。两峰相对高差大、坡度陡，敌楼由低处向高处依次峙立，南北遥相呼应。在此观看长城的仰角大，视野开阔，加上大型条石修筑的庞大墙体，愈加显出长城的气势磅礴，高大雄伟。

从关城到南四楼，城墙长685.8米，高度上升127米，平均每6米即上升1米。特别是第三至第四座敌楼之间，城墙逶迤约500米，最险要处坡度达70度，几乎相当于直上直下。从关城到北四楼，城墙长767.5米，高度上升155米，比南峰距离长，但较南峰平缓。过第三楼呈马鞍形，先下到鞍座部再往上登第四楼，此段有100余级台阶。这8座敌楼之间的长城于20世纪50年代修复。北峰4座敌楼本为两层，只恢复了3座，第三座的上层未恢复；南峰第一、二座的上层也未恢复，南三楼上原有铺舍，柱基依在，未复原。每座楼原来都有记载修筑经过的题名石碑，而今碑已无存，碑座尚在。有的敌楼券门的门枢臼和放门杠的孔眼依稀可见。

北五楼。券洞最多的敌楼。楼长9.25米、宽9.34米，上下两层。从券门进入一层，内有许多券洞，砖构十分巧妙，楼层呈方形，每面4行砖垛，每垛之间都用券顶拱连，共30余个券洞

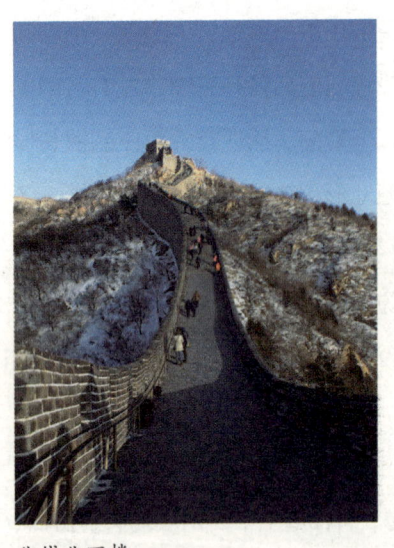

北线北四楼

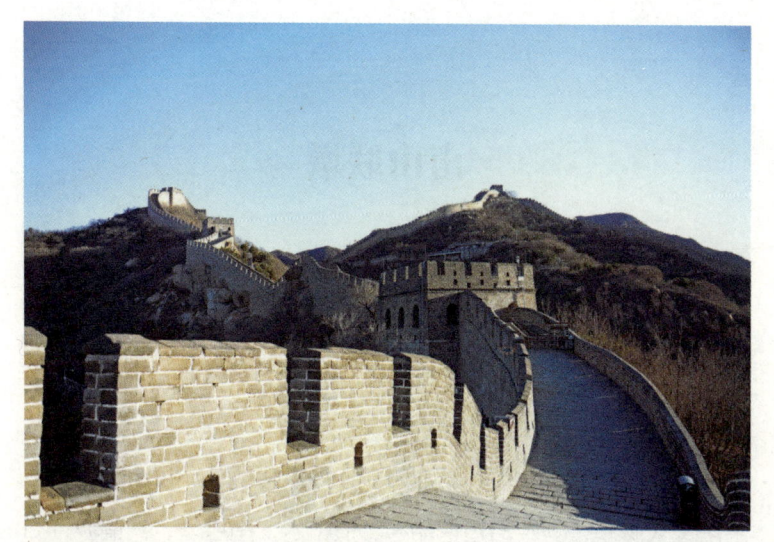

北线北五、北六、北七、北八楼

托起第二层的地面。

北六楼。面积最大的敌楼。楼长 12.6 米、宽 8.5 米，底层面积约 100 平方米。长面 7 行砖垛，宽面 4 行，垛顶发券，形成四方廊形券道，中间留空，成为长方形天井，可从天井登梯上到楼顶。

北八楼。海拔 888 米，建筑雄伟，为八达岭长城海拔最高的敌楼，又名观日台。楼内两层，有梯可上。一层迎敌面有 6 个箭窗，其数目之多居敌楼之首。关城平台到北八楼长城相距 1500 余米，相对高度 228 米。

建有铺舍的敌楼。新修复的敌楼中有两座建有铺舍。一是北十楼，一是南六楼。铺舍是建在二层楼上的小屋，外形三间，硬山顶，雕窗红柱。

南山联墩

南山联敦是长城防御的重要组成部分，既可驻兵防守，也可用于点燃烽火报警。

史称，有明一代，自洪武肇基至崇祯失国，凡二百七十六年，无时不与北方游牧相抗。明边防守，尽极能事，非止于边墙。为阻虏深入腹里，官军沿边挖品窖、植树木、削崖壁、铲偏坡、掘壕堑、设栅栏、布蒺藜、置火器、建车营、立墩堡、筑炮台等不一而足。可谓无所不用其极。

为防护陵寝、京师，屏蔽居庸等内口，兵部侍郎江东疏请于嘉靖三十五年（1556年）筑南山联墩于蓟镇长城之北、宣府东路之南。南山联墩者，乃于宣府东路南山一带，相间筑以密集墩台，置兵士其上，堡城间立其间，使令墩墩相望，堡堡相援。遇有警急，既可接续传报，又可以火器联守墩台间隙，使敌不可逾越联墩防线，以达防守居庸、明陵外围之目的。联墩西段自岔道城延长至龙爬山，属居庸外围、宣府后身防线。联墩于岔道城设守备一员，往来指挥。由此可见，南山联墩是位于长城以北，与长城平行的带状防护体系。与长城不同的是，它的分布以点状为主，仅在关键部位形成带状（大墙），形式有大墙、墩台、品窖、壕堑、小堡；结构是夯土，通常并不包砖；修筑目的不是阻挡关外入侵，而是

南线南六、南五、南四楼

防范"奸细入探"、阻止"猾虏内犯"。自此,京师北门居庸外围出现新型防守模式。联墩今仍矗于北京延庆县至河北怀来县南部山下慢坡处,虽历沧桑,却仍显壮观。

江东在疏中对修筑联墩阐释明确:"修筑南山以安畿辅,诚经国安边大计,宣府目前急务莫有过于此者。""先任总督尚书许论与臣交代之时,亦拳拳以南山隘口逼近京畿,极系紧要,早宜修筑为言"。"南山一带,寔为居庸一带内口屏蔽"。联墩西段长度:"居庸东北,自岔道西抵龙爬山止,共隘口一十八处,长亘一百零三里五十步。""每百五十步筑墩一座,每二十座空内筑小堡一座"。"通内地隘口,应该设卒守把,以防奸细者"。"令墩军取便携家及邻近农家欲居者"。"其隘口应添大石墙或虎尾小墙者，各宜量势修筑"。"总计墩七百九座、墩房七百九间、小堡三十余座、大堡七座、岔道城一座。"所耗银两："共该用银一十万五千七百五十一两九钱三分五厘。"指挥首脑设置："岔道城议设守备、兵马并仓场、官攒。"物资："应用钱粮早赐解给，合用火器、盔甲亦宜预领。"(《宣府镇志·卷十·亭障考》)

《明实录》载："嘉靖三十五年（1556年）三月乙丑，总督宣大侍郎江东言：怀来南山隘口逼近京师，请修筑墩台御房，添设守备一员于岔道城，而以口北道参议张镐升兵备副使，无事则屯隆庆，防秋则移岔道提调守备官军。兵部复奏报可。"嘉靖三十六年（1557年）明世宗根据奏报，"赐山西按察副使张镐兵备怀隆"(《宣府镇志·卷二》)，以督理、整饬南山边务。

敕谕曰："敕山西按察司副使张镐：近该宣大督抚官题称，修筑边防事体重大，乞要添设兵备官督理整饬等因，合允所请。今特命尔前去宣府南山一带地方，计处钱粮，召选军士，查给器械，修盖营房，拨什屯田，受理词讼，禁革奸弊。无事则驻扎怀来，防秋则移守岔道。有警则公同该路参将率守备等官，严令在墩官军施放火器，力道于外。其余官军往来策应，协力战守。仍与居庸兵备互相传报，共为掎角，务期保护陵寝，奠安畿辅。所属卫所有司，悉听节制。尔仍听总督巡抚官节制。凡应行事宜，须呈督抚衙门会奏处置。尔素以才力被荐，朝廷特兹委用，宜殚精心力，督处停当，以固边防而安内地。斯称任使如或修筑不固，整饬不密，虚费误事，责有所归。尔其慎之慎之！故敕。"该敕谕谆谆教诲，将兵备官责任、分工、协调、隶属关系等交代清晰。此为怀隆兵备道初始之设，后世沿用。

《山西宣大三镇图说·南山总图》载，嘉靖"四十五年（1566年）设参将一员驻扎柳沟……参将所在地辖岔道一守备"。南山联墩于岔道城设守备一员，听兵备副使提调。嘉靖四十五年（1566年）又添设参将于柳沟城，联墩守备听命于南山参将，南山参将由怀隆兵备道提调。怀隆兵备官直接听命于宣大总督。

联墩墙体

多根据地势而建，各有不同。嘉靖三十五年（1556年）筑墩之时，兵部侍郎江东于疏中道："其隘口应添大石墙或虎尾小墙者，各宜量势修筑。"既然联墩各隘口墙体"宜量势修筑"，难免各处高低薄厚不一，其墙较之正规边墙，低矮窄薄，墙上无法驻足防守。因此不能阻止攻城，只可阻挡马队冲击、滞迟敌方攻城。仍须及时以火器夹击之。杨博于嘉靖三十七年（1558年）《请增筑各路墩台疏》中提议道："臣近日亲诣阅视各墩，空内已有虎尾短墙。若使推广其制，筑为大墙，则一劳永逸，为利不浅……于本年八月十二日兴工……今年不完明年接修，明年不完后年接修。工完之日，听巡按御史阅视，明白具奏。"世宗"从之"。

关于修筑大墙，《明实录》载："嘉靖三十八年（1559年）六月癸亥，总督尚书杨博条上经略宣大八事。宣府怀、隆、永宁南山一带，西自合河口，东至横岭止，计长一百四十三里，修筑大墙，已完三百余丈，未完者宜责令摆边军士分工修筑。"《延庆州志卷十·艺文志·碑碣》载："明南横岭界石碑在州东南，弘治元年（1488年）立石。""隆庆二年（1568年）二月辛卯,总督宣大山西都御史陈其学条上南山事宜。其略言:"岔道以东自清石顶至四海冶火焰山,宜乘春修筑墩台于柳沟等处,大山口迤东一道,为暗门者六。咫尺居庸,宜严加稽查。兵部上其议,上皆允行之。"

清石顶北部山下,便为岔道城、西拨子村一带,乃岔西联墩起始段。崇祯年间,兵部尚书卢象升于该疏中亦描述岔西土墙:"谨查南山一边,岔道迤西十五里,沿边倚有土墙。臣观岔道而西,合河而东,原有土筑台墙旧存遗址,近墙壕堑亦隐隐在焉。想亦因工费之多,汲道之远,墩军难于存扎,边墙难于落成,遂中辍耳。"

品窖、壕堑

蒙军除大举进犯外,多以小股人马诱伏偷袭、杀戮官军、劫掠财物、掳走人口。为设险防守,官军在许多地段边墙、隘口处挖掘壕堑并品字形窖坑,以阻虏深入。南山联墩亦如是。窖坑形制与作用,嘉靖元年(1522年)兵部臣请于沿边要路,其略言曰:"有形之险易,无形之险难。有形之险墩垣是也,无形之险暗窖是也。其法于沿边要路分为两途,一加识别,以备我出;一为暗窖,以待虏人。窖深长八尺,阔大半,之中置木稚,上覆土茅,马践必仆,可坐收斩也。"无论其功效如何,南山联墩一线实际采用其法。张镐于《怀隆兵备道题名记》中道:联墩"垣内外长壕限隔,品窖纵横"。隆庆年间,兵部尚书赵炳然亦称"岔道迤东高墙深壕、斩堑峻口、迭窖连栅"。

小堡

军屯驻于堡而守瞭于墩,墩堡相济而寓于其中。江东所请"每百五十步筑墩一座,每二十座空内筑小堡一座",此设想并非江东首倡,只由其具体实现于南山而已。成化年间大学士丘濬便有议论:"及于众墩之间要害处立为一堡,使之统其诸墩。有事则相为援应。墩统于堡,堡统于城,如臂指之相使,如气脉之间流于外。"小堡由于规模较小,一般只于内侧面南开设堡门。如此既可减少敌方攻城危险,亦可降低筑堡费用。堡墙均高大厚重,且有包砖痕迹,其内部面积大小不等。

墩台

南山联墩,须立于墩台之上防守。墩台与正规边墙、敌楼相较,省工省时。墩台采用版筑法,于内夯土,经久耐用,费用较低。嘉靖三十七年(1558年),杨博《请增筑各路墩台疏》中曾记载一种"汉罗大墩"的尺寸及工期。疏略曰:"其墩名为汉罗大墩,体制与空心无异,工价比空心少减。每座一面根阔五丈,顶收三丈五尺,身高三丈上加女墙五尺,下半截实心,平高一丈五尺,收顶四丈。每面五丈,周围二十丈。以军夫二百名,每名日修一寸,一日修二丈,十日可完。"(《宣府镇志·卷十·亭障考》)联墩墩台夯土实心部分,每面根阔近三丈,周十二丈,上方收顶,有女墙。明代墩台、堡城墙体高度均在三丈五尺,卫城、镇城墙体更高。若低于三丈五尺,极利于敌方攻城。

南山联墩总量,依江东嘉靖三十五年(1556年)所言:"总计墩七百九座、墩房七百九间、小堡三十余座、大堡七座、岔道城一座。"嘉靖三十六年（1557年），张镐升任兵备副使，在其《怀隆兵备道题名记》中言："迤西抵龙爬山，迤东尽四海冶，皆联墩山立……凡筑墩四百六十有七。"（《延庆县志·卷九》）虽筑墩实际数目较预先计划要少，然总量依旧可观。

烟 墩

烟墩即通常所说的烽火台，指古代边防上供燃点烽火用以报警的高台，系古代重要军事防御设施，如同最古老、但行之有效的土电报。汉代称作烽堠、烽侯、亭燧，唐代称作烽台，明代称作烟墩或墩台。烽火台是为防止敌人入侵而建的，遇有敌情发生，则白天施烟，夜间点火，台台相连，传递讯息。"烽火"，古代边防报警的两种信号，白天放烟叫"烽"，夜间举火叫"燧"。

烟墩多建于峰顶、高岗或易于相互瞭望之处，每隔一定距离（一般约十里左右）筑一台，发现敌人来犯时，

烟墩

一台燃起烽火，邻台见后随之，能迅速传递军情。台上有守望房屋和燃放烟火的柴草，报警的号炮、硫黄、硝石。台下有用围墙圈成的守军住房、羊马圈、仓房。早在秦汉时期，烽火台即与长城密切结为一体，与敌台、墙台等长城建筑相互配合，构成了长城防御系统的基层组织，在我国古代军事史上占有重要地位。其结构和构造与长城一样，有夯土打筑，有用石块垒砌，有砖石混砌，也有内部夯土外用砖包砌。

烟墩的设置有4种：一是紧靠长城两侧，称"沿边墩台"；二是向长城以外延伸的，称"腹外接火墩台"；三是向内地州府城伸展联系的，称"腹里接火墩台"；四是沿交通线排列的，称"夹道墩台"。大约每隔10里左右设一台，恰好在人的视力所及范围内。今河北、山西省交界处的内长城，因山势险峭依山为障而未筑墙，仅在山隘谷口、河流折曲崖岸处建砖砌空心敌楼，驻兵把守，兼有守御和传递信号之用。

汉代的烽火台在台子上竖立一个高架子，上面挂着一个笼子，笼子内装着干柴枯草，如果发现敌人来犯，即可燃"烽"举"燧"。《史记》中记载："昼日燃烽，以望火烟；夜举燧以望火光也。烽，土橹也；燧，炬火也，皆山上安之，有寇则举之。"

明代烽火台燃烟放火制度也是在前代基础上改进的，除了燃烽、举燧之外，还制定了鸣炮制度，与此同时，在点火放烟时还加硫黄、硝石助燃。为便于防守和执行勤务，烽火台配备旗帜、鼓、弩、软梯、炮石、火药、狼粪、牛粪、柴草等，并且根据入侵敌人的人数以及军情紧急程度，有不同的传递方式。如明成化二年

八达岭长城敌台

（1466年）的法令规定："令边土堠举放烽炮，若见敌一、二人至百余人举放一烽一炮，五百人二烽二炮，千人以上三烽三炮，五千以上四烽四炮，万人以上五烽五炮。"这样迭次增加炮声和助燃，使传递的军情更加快速和准确。

由于传递军情的重要性，对烽火台的管理十分严格，戍卒不得擅离职守，以免贻误军情。明成化二年（1466年）法令规定："合设烟墩，并看守堠夫，务必时加提调整点。须要广积秆草，昼夜轮流看望，遇有警急，昼则举烟，夜则举火。接递通报，毋致损坏，有误军情声息。由于传报得宜克敌者，准奇功。违者处以军法。"明冯梦龙《智囊补·兵智·刘江》"西北之望海埚，地高可望诸岛，寇所必繇，实滨海襟喉之地，请筑城堡，立烟墩瞭望"。

烽火台的防御功能最重要的就是传递军情，它需要与敌台、墙台等长城建筑密切配合。有敌台的地方，敌台就充做传递烽火信息的墩台，没有敌台的地方按传烽路线必建有烽火台。戚继光所著《练兵实纪》中载："自古守边，不过远斥堠，谨烽火。蓟镇以险可恃，烽火不修久矣。缘军马战守应援，素未练习分派，故视烽火为无用。今该议拟呈会督抚参酌裁定。凡无空心台之处，即以原墩充之，有空心台所，相近百步之内者，俱以空心台充墩。大约相去一二里，梆鼓相闻为一墩。"为了便于守台军士记忆，当时还有把各种敌情信号编成通俗易懂的《传烽歌》，让守军背诵记忆，这样一有警报，3个时辰之内就可传遍防线。

八达岭长城一线筑有烟墩，明隆庆志记有墩台80座，嘉靖《西关志》记载有墩台128座，清乾隆时记载有边墩135座，大路墩91座。墩台高均五丈，周围建小城，高一丈五尺，上设悬楼垒木，下设壕堑吊桥，外设塌窖陷阱；门道上置水柜，冬日盛冰、夏日盛水；不修台阶，以绳梯上下；每台有火铳、火炮2门，守卒10人，由附近城堡驻军防守，与城堡组成一个纵深防御网。中华人民共和国成立后，进行过数次文物普查，但对现存烽火台未进行研究统计。迄今，八达岭长城烽火台大部分已坍塌。

岔道城

岔道城是八达岭长城的防御性城池，也是古代驿站。

出八达岭关城，沿公路向西北行约3里，在路北侧有一村，即岔道村。据《延庆州志》记载："岔道有二路：一至怀来卫，历榆林、土木、鸡鸣三驿至宣府（今宣化）为西路；一至延庆州、永宁卫、四海冶为北路。"故得名"岔道"。

岔道城位于八达岭关城"北门锁钥"关门外,是其前哨指挥部。岔道地区作为古代重要的军事和交通要塞,其历史最早可追溯到战国时期,当时这里名为"三岔口",又名"永安甸"。元代,这里是大都至上都的必经之地。明清时期,这里更是成为进出京师、通衢西北的重要关口和交通驿站。

弘治十八年(1505年)始筑岔道土城,嘉靖三十年(1551年)与隆庆五年(1571年)经过两次重新加固、增修和城垣包砖。岔道城建筑坚固,是八达岭的前哨防线。城墙墙基为条石垒砌,墙体用黄泥夯筑,外面包砌城砖,城上设马道,外侧女墙设垛口、望孔、射口。八达岭与岔道内外紧邻为一体,"守岔道所以守八达岭",与八达岭关城遥相呼应,是八达岭、居庸关纵深防御体系不可分割的重要组成部分,是居庸关外重要的军事城堡和交通驿站。

据《延庆州志》记载:"岔道城连女墙高三丈五尺,围二里十三步,门两座,此城遗址呈梭形,东西长约510米,南北宽150米,全城面积为8.6万平方米,现西城门保存完整,东城门拱券已塌毁。"岔道城中原建有庙宇、守备衙门、公馆、戏楼等,西门外有练兵的校场,还有粮秣、武器弹药仓库。城的东北两面山顶各筑一座堡垒,周围山峰筑有六座瞭望敌情的烽火台。

《读史方舆纪要》记载:"八达岭为居庸之噤吭,岔道又为八达岭之藩篱也。"明王士翘《居庸关论》记载:"逾岭数百步即岔道堡,实关北藩篱。守岔道所以守八达岭,守八达岭所以守关也。"所为岔道者,《昌平山水记》云:"一自怀来卫、保安州,历榆河、土木、鸡鸣三驿至宣府，为西路。一至延庆州、永宁卫、四海冶为北路。"《宣大山西三镇图说》云：岔道城"设守备一员，属南山参将，以其与南山共联一边也。守备所领官军三百三十九员名，马骡二十三匹头。城周二里一百一十丈领先尺，高三丈"。明《长安客话》又载："守岔道，所以守八达岭；守八达岭……所以守京都也。"

《明实录》原文节录："嘉靖二十六年七月庚申，巡关御史王士翘上言：居庸关半里外岔道堡，民居凑集而土地卑圮，乞令增筑并掣隆庆卫备御永宁官军二百五十人守之。诏许增修城垣，其官军备御如旧。"《西关志》载《固藩篱壮国威以保治安民疏》："巡按直隶监察御史臣王士翘谨题：为固藩篱壮国威以保治安民事。臣奉命巡视居庸等关。顷者躬同兵备副使艾希淳遍诣居庸关隘，阅视八达岭城，四望郊原，人烟稀少，唯见关门之外不逾半里内有地名岔道堡，系隶隆庆州，民居凑集，大约千有余家。路通宣、大，生意日盛，殷富颇多，足启戒心。往年虽建有土城而卑矮可逾，倾圮过半；虽设有巡检而弓兵不过二十余名；虽协守以壮夫而往来不常，缓急莫倚。"

《明实录》："永乐二十一年七月戊戌，虏中有来降者言：虏寇阿鲁台将犯边。上遽召诸将谕曰：朕当率兵先驻塞外以待之。七月壬寅，车驾发北京。遣太常寺少卿王勉祭居庸关山川，晚次岔道。"宣德五年、九年，明宣宗巡边，仍驻于岔道。《昌平山水记》："宣德五年十月戊寅，上巡边，驻跸岔道。己卯，猎于岔道。"《明实录》："宣德九年（1434年）九月庚辰，上将率师巡边。九月癸未，车驾发京师，驻跸唐家岭。九月甲申，驻跸龙虎台。九月乙酉，车驾度居庸关，驻跸岔道。"

岔道城因可依山险阻，水源丰富，早在明宣德年间，就是设防的重点。自建城以后，镇守官兵常驻守备1名，把总3名，兵丁744名，在八达岭长城中起着十分重要的军事防御作用。城呈东西向长方形，有三门。因地多沙石，关墙常被山洪冲坏。《读史方舆纪要》记载说："八达岭为居庸之噤吭，岔道又为八达岭之藩篱也。"明代《长安客话》记："逾岭数百步即岔道，堡实关北藩篱，守岔道，所以守八达岭。"岔道城与八达岭关城相呼应，形成纵深防线。

明清两代都曾把岔道作为重要城堡加以整修、加固。清代以后，岔道古城不再驻军设防，逐渐演变成为历史村落。清康熙五十四年（1715年）六月，大水冲塌城西南角，后曾筑堤改流，修复城墙。现尚存西门及南城。

由于特殊的地理位置和交通功能，岔道古城也逐渐成为处于长城文化带前沿的一座边贸小城。明、清两代，城内铺面连片，商贾云集，客栈多家，宿、歇行人众多，守备、把总公署繁忙，城内外兵丁操练，各方艺人献艺，岔道城一片繁华兴隆景象。近代以来，作为塞上和关内货物的集散地，素有"岔道秋风"美誉。城南有明代石刻"览胜碑"和清冽泉潭，城西北20米处有遭侵华日军屠杀的死难者纪念地"万人坑"。京张铁路和京张公路从城南通过。

岔道古城不仅是古代的军事重地，也是交通要道，见证了古往今来无数重大的历史事件，从此经过的历朝皇帝就有二十几位。秦始皇东临碣石，取道岔道过八达岭返回咸阳；元代皇帝往来于上都与大都之间；明代帝王巡游、清代天子亲政、李自成攻伐北京，这里都是必经之处。1900年，慈禧太后仓皇出逃，路经八达岭时，曾宿于岔道城。古城周围山峦起伏，每当秋风习习之时，这里天高云淡，红叶漫山，"岔道秋风"曾经是延庆八景之一。

岔道古城是北京市人民政府确定的市级文物保护单位。现存城墙为砖石结构，依山而建，呈不规则长方形，东西长449.5米，南北宽185米，城墙高8.5米，从空中看整座城就像一条大船，城墙上的两座烽火台就像船上的两个锚墩。古城设有东西城门两座，西门门额题"岔西雄关"，东门门额题"岔东雄关"。城墙上设有马道，外侧城墙设垛口、望口、射口。古城内外遗存大量文物古迹，有古驿道、城隍庙、关帝庙、清真寺、校兵场、烽火台、古石板桥、官井、古槐、土边长城以及古民居、古客栈、古商铺等。

岔东雄关匾额　　　　　岔西雄关匾额

明清武备

军事防御是长城的重要职能。长城发展到明后期，已经形成了完备的军事体系，除包含军事设施本身意义之外，还包括守备军队的营制、作战使用的各种武器以及作战战略、军队日常管理的各种制度等等。在明代，八达岭地区既是北方草原文明与中原农耕文明相互融合的重要通道之一，也是防御北方草原的战略要地。作为拱卫京畿和皇陵的西北屏障，明王朝在此沿线部署了大量军队。这些军队以长城和沿线的关堡为军事壁垒，形成了一道严密的长城军事防御体系。屯田、卫所制度的建立是对长城原有军事职能的丰富。

营 制

明朝在东西万余里的长城线上，分设9个防区，布置重兵守卫。初设辽东、宣府、大同、延绥四镇，继设宁夏、甘肃、蓟州三镇，而太原总兵治偏头，三边制府驻固原，称"九镇"或"九边"。加上昌平和真保二镇，又称"九边十一镇"。每镇派总兵率军镇守，镇下设路，路下设关、口等。

明代守边军队，均驻军于长城区域的屯兵城，屯兵城大则有镇城、路城、卫城，小则有所城、堡城。镇城是总兵、副总兵的驻地。路城大于卫城，可容2卫的兵力（约12200人），由总兵之下的各路参将分守。卫城驻兵员约5600余人，由游击将军等中级武官为守备。所城驻兵1100余人，长官为把总等中下级武官。堡城是长城防线的基层军事机构，每堡城负责一段长城及其邻近墩台防务，堡城下辖总旗、小旗及台丁。堡城多设于长城内侧，选择既能设伏兵，又能攻击敌人的有利地形修筑，屯兵多者有400余名，少者不少于170名。此外在长城经过的一些交通要隘上设置关城，守兵在百人左右。平时，各级指挥官分别负责守卫本营所管辖的那段长城，到了战时，则根据军情需要参加长城沿线的作战行动。

延庆地区处于明代边防体系"九边"之宣府镇，属于宣府五路之东路，后者其所辖地域大致相当于现今延庆、怀来二县。

明朝初期北方蒙古族的势力还十分强盛，明太祖朱元璋采纳了朱升"高筑墙"的建议，不仅各府州县的城池构筑得十分坚固，而且对长城的修筑和防务十分重视。朱元璋派大将军徐达、冯胜等率军在北方筑关制塞，修筑长城，加紧练兵屯田，以防元残余势力南侵。同时，在长城外建立军事重镇，封诸王子率军驻扎边镇，实行军屯以守国境。大体沿长城一线划为9个防区，是谓"九边"。"九边"之前，设置了大宁（宁城）、开平（多伦）、东胜（托克托）三卫；并且分别以居庸、紫荆、倒马"内三关"和雁门、宁武、偏关"外三关"为枢纽，构成两道长城防线。占燕山、军都山、太行山以及恒山、管涔山、吕梁山之地利，加大了防御纵深，瞰制了主要歼敌战场。这种防御部署，不仅着眼于敌人从正面（蓟州、宣府、大同）进攻，而且考虑了敌人取陕、晋组织战略迂回的可能，尚属缜密。

军事建制与人口相连。元末，中原河北、河南、山东、安徽等地连年战争，人口骤减，有些州县成了无人区。明初今北京一带户口稀少，土地荒芜，乃徙山后诸州民于居庸关内，充实内地人口。《明史·太祖纪》载：洪武三年（1370年），徙山后诸州之民于关内，而于居庸关立守御千户所。洪武四年（1371年）三月乙巳，徙山后民万七千户屯北平。六月，徙山后民三万五千户于内地。又徙沙漠遗民三万二千户屯田北平。《方舆纪要》载："洪武四年六月，徙民三万五千八百户于关内三河、固安、昌平，龙庆州遂废。"

《顺天府志》载有妫川州归附民屯：柳泉屯、彭村屯、魏村屯、黄岱屯、沙岱屯、贾家庄屯、中公由屯、西辛庄屯、马村屯、官庄屯、唐阳屯、东徐屯、丁村屯、马庆屯十四屯。洪武二年初，固安县户四百七十九，口一千三百六十八；到洪武八年，户四千一百五十六，口一万六千八百零四。其中增加的三千六百户，一万五千余口，都是从龙庆州徙来的。

居庸关城系洪武元年建立。隆庆卫承袭其戍守边界，东至西水峪口，黄花镇界九十里；西至镇边城坚子谷口，紫荆关界一百二十里；南至榆河驿，宛平县界六十里，西北至土木驿，宣化界一百二十里。沿边界诸隘口多系居庸关地方，不属州县管辖，是故关内山地，计亩起科，征收粮米，扣作官军折俸月粮，余解户曹督粮衙门以备边饷，视其他关不同。

居庸关守御千户所，洪武三年（1370年）置，并置巡检司。居庸关守御千户所属后军都督府北平都司管辖。《明史·职官志》：千户所，千一百二十人，正千户一人，正五品；副千户二人，从五品；镇抚二人，从六品；其属，吏目一人。辖百户所十，百十有二人为百户所，共百户十人，正六品。总旗二十人，五十人为一总旗；小旗百人，十人为一小旗。凡千户，一人掌印，一人佥书，曰管军。

永乐二年（1404年）于居庸关置隆庆左卫、隆庆右卫，各领千户所五。是年，建南口堡城（南口门）和上关城（上关门）。南口门，在居庸关南十五里，其城上跨东西两山，下当两山之冲，为堡城周围二百丈五尺，南北城门城楼二座，敌楼一座，偏左为东西水门各一空，护城东山墩一座，西山墩三座，烽堠九座，隆庆卫地方里口，紧要。上关门，在居庸关北八里。其城上跨东西两山，下当两山之冲，为堡城，周围二百八十五丈，南北城门城楼二座，敌楼一座，偏左为东西水门各一空，护城墩东山二座，西山二座，烽堠一十二座。隆庆卫地方里口，紧要。居庸关共有三卫，官兵一万六千八百人。《方舆纪要》说分布官军屯田于关山南北，俾且耕且守，额军一万四千有奇，以为京师北面之固。《西关志》说，隆庆卫原额旗军凡一万四千二百四十六名。

《西关志》载："居庸关有左右卫衙门，久废。"又载："洪武三十五年间设立隆庆卫，永乐二年添设左右二卫，隆庆卫则永丰仓，左卫则丰裕仓，右卫则广积仓。宣德四年，左右二卫调去永宁、怀来，其丰裕、广积二仓犹在关中，弘治十年并为一处。"

明成祖定都北京，择陵天寿山，为陵京安全，先后5次亲率大军北征蒙古遗部，有3次深入大漠，穷加搜索，残酷剿杀，即"三犁边庭"。

永乐十二年（1414年）三月，车驾北巡，驻跸团山（在延庆城东北30里，今为团山村）。西望妫川、桑干川一片荒芜，命重置隆庆州、保安州，诏原礼部尚书赵羾经理之。《延庆州乡土志·赵羾传》载："帝巡边，顾隆庆、保安川原叹曰：'二州民内徙，至今尚皆荆棘耶！'因迁内郡人来实，且诏赵羾经理之。至则分拨土田，创造屋舍，定立市廛，开导艺植，皆躬自履历，措施有方。三四年间，士庶安辑，商旅交至，遂成都会之区。"永乐十八年（1420年）十一月，下诏从明年正月改京师为南京，北京为京师。隆庆、保安两州直隶京师。

隆庆州民来源一是谪发为事官吏，一是迁山西流民。即从山西洪洞县大槐树下迁来的农民。元末连年战争，河北、河南、安徽、山东等地人口骤减，一些地方成了无人区，而晋南处在战争后方，经济繁荣，人口发展很快。朱元璋统一中国下令徙晋南民于中原。永乐三年（1405年）徙晋南民于北京；永乐十二年（1414年）徙晋南民于隆庆州，即今延庆县。

　　中国历代有屯田之制，汉、晋都是兵屯，由将帅带领。唐代是民屯，由官吏带领。宋则营田以民，屯田以兵，营屯实行两套制度，置务统一管理（如天津武清区东北30里北运河西岸河西务。务总管兵民）。明初创立卫所，以军隶卫，以屯养军，嗣则募民镇守，而营屯始分。洪武元年（1368年），刘基奏立军卫法，自京师达于郡县皆立卫所，以五千六百人为卫，分前、后、中、左、右五个千户所；一千一百二十人为千户所，下辖十个百户所；一百一十二人为百户所，下设总旗二、小旗十，总旗五十人、小旗十人。卫军军官和士卒的子孙后代世为军籍，军饷主要靠军屯，平时屯田，战时守御。明代卫所军总额最多时达270万，故有"养兵百万不费朝廷一钱"之说。后来又招募民人屯田镇守，营屯就此分开。

　　卫指挥使司：指挥使一人，正三品；指挥同知二人，从三品；指挥佥事四人，正四品。镇抚司，镇抚二人，从五品。其属经历司，经历，从七品；知事，正八品；吏目，从九品；仓大使、副使各一人。

　　千户所：正千户一人，正五品；副千户二人，从五品；镇抚

二人,从六品。其属,吏目一人。百户,正六品。凡千户,一人掌印,一人佥书,曰管军。(见《明史·职官志》《明史·兵志》)

明屯兵制是开国初期太祖朱元璋便极力推行的,《明史·食货志》记载:屯田之制:"曰军屯,曰民屯。""军屯则领之卫所"。关于驻军屯田人数的比例,则规定"边地,三分守城,七分屯种。内地,二分守城,八分屯种"。后又改制为:"临边险要,守多于屯。地僻处及输粮艰者,屯多于守,屯兵百名委百户,三百名委千户,五百名以上指挥提督之。"对于屯田的具体要求是,"每军受田五十亩为一分,给耕牛、农具,教树植,复租赋,遣官劝输,诛侵暴之吏。初亩税一斗"。至洪武三十五年(即建文四年,1402年)则又改为:"军田一分,正粮十二石,贮屯仓,听本军自支,余粮为本卫所官军俸粮。""于时,东自辽左,北抵宣(宣府)、大(大同),西至甘肃,南尽滇、蜀,极于交阯,中原则大河南北,处处兴屯矣"。永乐时,"屯田米常溢三之一,常操军十九万,以屯军四万供之"。此时,常操军十九万人的军粮,是由四万屯军所供给的。

明朝军士皆别立户籍,叫军户。军户代代世袭,永世不得脱籍。

明隆庆三年(1569年)前,在八达岭设把总一员,率兵镇守八达岭前口。当年,谭纶任蓟昌总督,在八达岭成立守备会署,设守备一员。八达岭下各隘口守军如下:

八达岭口守军53名。

隆庆卫中路隘口石佛寺守军12名,青龙桥东口守军17名,青龙桥西口守军4名。

隆庆卫北路隘口化木梁口守军14名，于家冲口守军10名，花家窑口守军19名，石峡峪口守军26名，糜子峪口守军26名。

岔道属宣府镇东路，设守备所，下设把总3员，巡捕1员，军丁788名。

除以上守口者外，另有夜不收守墩。岔道城有夜不收9名，棒棰峪有夜不收7名，化木梁有敌墩4座、夜不收2名，于家冲、花家窑、石峡峪、糜子峪各有夜不收2名。

隆庆三年（1569年），谭纶同巡抚副御史刘应节共同议立如下部署："乘塞沿边，区别冲缓，计垛拨兵。极冲者一垛四五人，次冲者一垛二三人，稍冲者垛一人。冲外创筑空心敌台，每台高三丈，纵横称是、骑墙曲突、四面制敌。上建层楼，宿兵贮器。馀处仍旧附墙台，每台铺舍一间，宿兵贮器。空心台主客兵共六十人，卅人守台，内立一台长；卅人守垛，分为六伍，每伍内立一垛长；附墙台主客兵各随所编地方，每台一十四人，居常四人守台，遇警外添六人，十人守垛，分为二伍，每伍一旗。空心台佛郎机八架，每架子铳九门，神枪一十二根，每根神枪箭三十枚，火药三百斤，铁钉棍八根，阑石大小各足，号旗一面，木梆锣鼓一具，柴米人给一月。附墙台佛郎机三架，每架镜子九门，阑石大小各足，号旗一面，木梆锣鼓一具，柴米亦人给一月。墙垛冲处每垛干柴一束，重百斤，干草五把，阑石大小各足，器械各随所执，火药于台取用，五垛共一梆旗，缓处每垛干柴一束，重为百斤，干草五把，阑石大小各足，器械亦各随所执。每空二旗，每旗五保人，各居铺舍，有警登墙卒守。每台一百总，五台一把总，十台一千总。空心附墙一体编派，遇报各兵原编，台垛人数各司所报。如虏近速援兵登城，旗帜机械一齐登立，约火器力可至处，即放大将军虎蹲炮，至五十步内，火箭火铳兵石齐发，聚拥攻城，两台矢石高更击不息。缓处步贼聚拥，台垛不支，则传号以速援兵。各垛兵持台为壮，火瓶、火铳、矢石并力攻打，预宣石炮墙外，临时发走药线。每守夜台垛各轮一人，敲梆传筹，遇警以所备柴薪予积墙外燃火通明，城上不露虚实。凡起止号令，但听千把百总约束。"

　　清朝北疆平定，并将延庆卫合并入延庆州，驻军设居庸关都司，在八达岭设把总兵一员，专辖八达岭及大小关口二处，驻马兵6名，守兵43名，汛地东至小张家口黄土梁10里与岔道营交界，西至西边口沟8里与居庸汛交界，南至上关17里与居庸关三交界，北至永长峪河二里与岔道营交界。

　　岔道营额设守备1员，把总1员，额外外委1员，马兵28名，步兵21名，守兵35名。

武　器

　　明清时代，传统武器名目甚多，历代产生的各种兵器多在长城的戍守中继续沿用。戍守长城军士的武器，分为冷兵器和火器两类，据不同兵种和不同御敌方式，分别装备。戚继光出镇蓟州后，武器装备更为先进和完善，冷兵器除弓、箭、刀、剑外，还有耙、棍、长枪、钜镰、大棒、狼筅等。火器有佛郎机、无敌大将军、火枪、火箭、石炮、鸟铳等。配合各种长城防御建筑设施，构成系统的战略防御体系。《延庆县志》记清岔道营的军器设置，计有"盔甲107顶副，虎衣虎帽13等身，大刀6口，腰刀48口，背刀13口，弓30，箭1140支，三眼枪杆子2杆，大炮声位，珠炮27位，子母炮6位，储备铅131斤1两，储备火药1千斤1两4钱"。

明代的火器在鼎盛时期，出现专门用火器装备的部队，管形火器多种多样，形制复杂，主要用于城寨的攻守，长城各关隘都广泛使用。这种火器主要有两大类：一类是可以手持点放的火铳和鸟铳，其形制和口径都较小，发射铅弹和铁弹等，射程一般在数十步到二百步内外。一类是口径和形体都较大，安装于架座上发射的火炮，大多发射石、铅、铁等实心弹，少数发射爆炸弹，各种类型的火炮达四五十种。宣德五年（1430年），明政府内九边酌量配给神机枪炮以壮军威。

从正德年间开始，西方的佛郎机铳、火绳枪和红夷炮等先后传入，在仿制这些西方枪炮的同时，加以改造和变化，推出了一种比佛郎机威力大、比红夷炮轻便的新颖大炮，当时封为"神威飞电大将军"，在大战中号称"狮子吼"，最为猛烈，使来犯之敌"不敢轻易近墙"。

八达岭地区出土的几种管形火器：

大切炮一尊，现存长城博物馆，筒长2.85米，口径105厘米，是1958年从八达岭东张王堡村东一里的山脚下出土，铁炮外围有铁箍六匝，花纹可行，间铸横排文字。同时出土有铁炮弹235枚。其中实心弹234枚，最小的直径4厘米，重250克；最大的直径12.5厘米，重6千克，其余直径5~9厘米。另有一枚空心弹为含模铸成，呈菱形，直径9厘米，重1.1千克。

佛郎机铳，共出土5门，现存于长城博物馆。此炮是明武宗正德年间葡萄牙船到广东时输入的，种类很多。《明史》记载："其制以铜为之，长者五六尺，大者千余斤，小者百十斤，巨腹长颈，腹有修孔，以子铳五枚，贮药置腹中，发及百余丈。"明朝军队，曾对佛郎机进行了多次改进，首先是改制成大样、中样、小样三种，大样的长2.85尺，重300多斤。《武备志》将仿制的佛郎机分为五号，其中三号、四号属于轻型的，四号长二三尺，装铅子每个重三两，用药三两半。各式佛郎机的射程，凡在70斤以上的可达五六里。后来戚继光又将大样佛郎机改良为百子佛郎机，主要是将其身管加长加厚，装在木制的西轮炮车上，发射时将两个车轮去掉，以内实棉絮的铁筒置于炮台，作为活动的横挡，借以防止火炮后坐。

神枪，是明成祖永乐初根据安南的神机枪仿制的，可以发射铅弹，也可以发射箭，装填弹药后，垫上一块铁力木制成的木送子，上面再装一支箭，射程可达300步。

捷胜飞空灭虏安边发熕神炮，现存长城博物馆，炮长170厘米，重420公斤，炮身铭文有制造年代："崇祯戊辰年兵仗局铸造"。

关城古炮——"神威大将军"，关城登城口北面、南面各安放一门大铁炮和四门小铁炮,炮身置在花岗岩基座炮台上。早在明代,人们就把被称为"战争之神"的大炮命名为"神威大将军"。其中,最大的一门,炮筒长2.85米,口径105毫米。铭文大字是:"敕赐神威大将军",于崇祯十一年(1638年)铸造。小炮俗称"牛腿炮",1967年修长城时出土。

西炮台,位于今詹天佑纪念馆门前,紧守景区仿古西大门。花岗岩基座上安放大炮一门,小炮两门。大炮重1.8吨,小炮重0.2吨。

军　法

明永乐十三年(1414年)颁行军法,全文如下:

凡交锋之际,突入贼阵,透出其背,杀败贼众者,勇敢入阵斩将夺旗者,本队已败贼众,别队胜负未决,而能救援克敌者,受命能任其事,出奇破贼成功者,皆为奇功。齐力进步,首先败贼者,步队交锋未决,后队向前杀败贼众者,皆头功。

凡建立奇功、头功者,其亲管头目即为报知。妄报者,治以重罪。行营及下营之时,擒获奸细者升赏准头功。哨马生擒获贼一人者,赏银三十两,斩首一级者二十两。

凡行营之时,遇有鞍马衣服器械不同者,衣甲器械相同而喝问答号不同者，既擒之。来降众贼所携人口财畜，分毫不许侵犯，即时来报。

凡与贼对阵，须齐力杀贼，不许聚为一处掣拽空缺。如力不能支，不能决胜，无勇无谋及不尽力杀贼者，全伍皆斩。

凡队伍已完，不许马军入步队，步军入马队，违者重罪。临阵混战，失其本队，插入彼阵者不拘。

凡杀败众贼，须尽力进战，不许抢掠人畜财物，违者重罪，如所乘马困乏，许以所擒贼马换乘。

凡对敌之际，一队递看一队，有不齐力前进者，战胜之后，许连队之人首告，治以重罪，容情不首者罪同。

凡官军头目，须爱恤军士，军士听令不许怠慢，如伍中有一人不在，小旗报总旗，总旗报百户，以次报至总兵官，总兵奏知，从征官军有在逃者，斩该官头目，不报者重罪。

凡军士须人马相应，不许以软弱不堪者插入队伍，如人壮马弱或马壮人弱者，许弱者以马与壮者。若自己有马，临阵之际能借与骁勇者杀贼有功，许借马人分赏，不愿分享听其。战马临敌许骑，无事骑者治罪。各营马、驴须爱惜驮载，该管官时常点阅，有故违及将军器抛失或盗卖者，俱重罪。

凡军士行粮，该管旗时行点阅，有过用及遗弃者，并该管头目皆斩。

凡军行及下营之时，须各认队伍，不许擅离及杂入别营、别队，违者并该管官头目俱重罪。

凡夜行相遇，即喝问，有答号不得者，擒送辨验。果是奸细，照例升赏。故不答号及是而不擒者，事觉俱治以重罪。

凡军中过夜，以各样大小铜角笛声为号，不许声音相同，各听号声认识队伍。不许叫营，违者论罪。但夜间有喧哗者，既问所起之处及左右应声之人，与该管头目皆治以重罪。

凡行营须待大营旗悬起行或听驾前铜角声，各营方许起行。每日下营，量拨步军成五队、十队，马军五队或三四队，步军披甲，马军不摘鞍，伺候长围及架炮者布列已定，方许入营休息。有盗人衣粮诸物及盗驴马宰杀，并捡拾隐藏人遗失物者，俱斩。知情首实者给赏，知情而不首者同罪。若收得马驴骡垛者即送该军转送大营，召人识认。如有遗失被后哨官军收获着，收后官治以重罪。

凡各营失火者，既是与贼递送消息，并该管头目俱重罪。每日行营，不许在途炊饭，违者并本管头目皆斩。下营掘井，必令人监守，不许作践及占藏私用。

凡军中有病者，官队管旗既令医疗治，常药料官及医士常加巡视，不许勒取财务，违者重罪。

凡长围及坐令者，须昼夜关防，各营架炮者，务依方瞭望。有灰尘扬起,人马往来,若闻哨马营及四面炮响,即时传报,其管官遇有事,随即飞报,不许顷刻迟慢。

凡掠阵官临敌时,视有畏避退后者,既斩之。纪功过官遇有功者,既纪之,有过者,既录之,以凭赏罚。

凡临阵,令内官持象牙牌,视有勇敢当先杀贼,能立奇功头功者,既与牙牌收执,经赴大营给与勘合,以凭升赏。

凡军中有妄谈灾异及谣言或漏掉军机者皆斩。知情不官者罪同。首实者重罪。凡见鹿及野马、黄羊诸物掠做突入营伍,及望见尘起或旋风扬沙,野兽腾蹋,及见死马牛羊与牛羊马遗移踪迹,或拾得一应物件,若男女衣物,首饰并文字等项,不论久远,随即报知。

凡军行在道,不许围猎,或远望似马非马,似鹿非鹿,似人非人,白日见烟,入夜见火,不论是非即报。

凡功罪务须实报,有虚狂者重罪。所报实者给与勘合,无勘合者不许升赏。

凡号令,总兵官告都指挥,都指挥告指挥,指挥告千户,千户告百户,百户告总旗,总旗告小旗,小旗告军士,务令遵行。

八达岭关口

防 务

  长城的军事防务兼顾防区内的战时用兵和平时备战。明代长城防务最初是于边防沿线设行都指挥使司分守，后设九镇（长城全线分九段设防，称九边或九镇），每镇设总兵官把守，下辖数路。并领许多关口，各路分管一段守卫，各关口设"守备"或"千总""把总"。兵额视具体情况而定。与长城防御阵地体系相适应的战法战术包括以下内容。

  一、远哨觇敌、迅捷报警。拣选"惯习虏情，能夷言而熟识夷人者"为尖哨，远至数百里外觇敌，得真情报者重赏，望风扑影，谎报军情者重治；设立明哨和暗哨两套系统，不相混杂，以资印证真伪，"有警，依协路放炮举旗，因旗以识路，用炮以分协，夜则加火于旗上，或两烽交至，亦设有不易之规；千里之遥，瞬息可达"。

  二、固守边墙，远炮近铳。敌人逼近墙垣阵地，守墙士卒和增援部队应据台垣固守，使敌不得越墙内犯。

敌人相距较远时，就以敌台内的佛郎机炮、神快枪射击，敌人逼近墙台，则以铳、石击打；以敌台（或空心敌楼）为核心阵地，"正面可御山梁拥众之虏，两面可打折墙之贼，便是虏马得向台空折墙而入，两台上暗认酋首，数铳齐发"，敌人数百登墙，则迅速调集善战的南兵将其逐出，若仅遇到小股敌人逼近墙边，还可以派士兵从墙上的暗门冲出，灭敌于城下。

三、强敌溃墙，野战决胜。敌人突破城墙时，应以包括车、步、骑、辎各兵种在内的机动重兵集团"追截，决一大战，或可击逐，使伤使乱"。骑兵则伺机出奇制胜。

四、敌人惰归，阻截追歼。当敌人兵疲将惰，返旌退走时，一方面派沿边各路步卒扼守险要之处，阻敌归路；另一方面由将领亲自率领骑兵追击，"各拼一死，一齐砍杀，务获奇功"。

五、敌屯塞外，精兵夜袭。如果敌人已经退出长城防线之外，扎营于水草丰美之地，则趁其防备松懈之机，以精兵夜袭，"必获功如愿而后返"。

戚继光在组织修筑长城防御体系、训练士兵的同时，撰写了军事著作《练兵实纪》。正集内容包括6个方面：一练兵法，二练胆气，三练耳目，四练手足，五练营阵，六练将。杂集包括储练通论、将官到任、登坛口授、军器制解、车步骑解等。因其研究价值颇高，为后世研究长城军事者重视。

周边战事

  八达岭是中原通向塞北的孔道，历史上多有战争。古代有记载的发生在八达岭及其附近的战争有40余次。一些军事史实在长城研究中具有重大价值。

  清初，八达岭地区没有发生过大规模的战争。近现代以来，国势逐渐衰弱，八达岭地区不再平静。1900年，八国联军曾几次经过八达岭，对沿途地区多有侵扰。20世纪20年代，形势动荡，军阀混战。八达岭地区作为几千年来的军事要地，战略地位凸显。

上兰之战

西汉置上兰县,属上谷郡。县治在马兰城,今延庆西北部。汉高祖十年(前196年)八月,赵相国陈豨起兵叛汉自立为代王,高祖刘邦派燕王卢绾攻代。卢绾北联匈奴、暗结陈豨,企图使朝廷与代王征战不断,无暇顾及燕国,而巩固自己的地位。后高祖平息了叛乱,灭掉陈豨,召卢绾入朝,被拒绝。于是高祖先派樊哙攻燕,夺燕18县,后又派周勃代樊哙继续进攻,占领燕都蓟城,俘获了燕国丞相、大将等重要官吏,卢绾率败军越过八达岭向北撤退,汉军追过八达岭,两军决战于上兰(渔阳、上谷郡之间,即今延庆地区)。燕军败北,卢绾数千人投降匈奴,被封为东胡卢王。

寇恂夺印居庸关

公元8年,王莽废掉西汉最后一个皇帝孺子婴,建立新朝,改上谷郡为朔调郡。

耿况,扶风茂陵(今陕西兴平东北)人,字侠游,通史明经。

与王莽从弟王汲共学《老子》于安丘先生。王莽任耿况为朔调连率（上谷太守）。

更始元年（23年）冬十月，新朝覆亡。汉皇族淮阳王更始将军刘玄被拥立为皇帝，建元更始，以洛阳为都，分遣使者徇（宣令）郡国，曰："先降者复爵位。"

当年十月，更始使者一行数十人进入上谷郡昌平县，经过关沟，上谷太守扶风耿况迎之于居庸关。耿况上印绶，使者纳之，一宿无还意。功曹昌平寇恂，字子翼，勒兵入见使者，就请之，使者不与，曰："天王使者，功曹欲胁之耶？"恂曰："非敢胁使君，窃伤计之不详也。今天下初定，国信未宣，使君建节衔命，以临四方，郡国莫不延颈倾耳，望风归命。今始至上谷而先堕大信，沮向化之心，生离畔之隙，将复何以号令他郡乎？且耿府君在上谷，久为吏人所亲，今易之，得贤则造次未安，不贤则只更生乱。为使君计，莫若复之，以安百姓。"使者不应。恂叱左右以使者命召况，况至，恂进取印绶带况。使者不得已，乃承制诏之，况受而归。

《水经注》记载："湿余水出上谷居庸关东。关在沮阳东南六十里居庸界，故关名矣。更始使者入上谷，耿况迎之于居庸关，即是关也。"湿余水即今温榆河，其源在八达岭东面的山上。八达岭西北距沮阳（今怀来大古城北七里官厅水库畔有废城）整六十里，关因置在居庸县（今延庆县）界上，所以叫居庸关。汉居庸关置在今八达岭。耿况迎更始使者、寇恂夺印都在今八达岭地区。

上谷杜洛周起义

北魏孝昌元年（525年）八月，柔玄镇人杜洛周于上谷（北魏上谷郡治居庸，即今延庆南部）发动了反魏起义，年号真王。北魏朝廷以左将军、幽州刺史常景为行台，征虏将军元谭为都督讨伐杜洛周。常景一面把东起卢龙塞、西至居庸关的隘口全部填塞，一面将幽州各县散居的民众赶入幽州城中居住，以割断百姓与起义军的联系，同时派北平府录事参军裴智成守白润，都督元谭据下口。孝昌二年（526年）春，安州的石离、穴城、斛盐三地戍兵两万余人响应杜洛周，将军队开往居庸关，元谭命别将崔仲哲在军都关阻击，被起义军击败，杜洛周起义戍兵乘胜进攻，元谭大败，诸军夜散，起义军占领军都关，南下包围蓟城。常景命统军梁仲礼率领蓟城内军民防御，起义军久攻不下，还据居庸县。同年十一月，幽州民众起义，抓获幽州刺史王延年及行台常景，杜洛周起义军占领幽州及蓟城，挥师南下与其他部起义镇兵会合。武泰元年（528年）正月，杜洛周被另一支义军首领葛荣所杀，其部下并入葛荣军，十月葛荣被部下杀害。葛荣失败后，原杜洛周部下韩娄、郝长有兵数万人，仍占据幽州，后被叛徒侯渊用计攻破幽州，郝长被杀，韩娄被擒，起义失败。

安史之乱与唐末混战

安禄山、史思明都是北方少数民族鲜卑人后裔，靠镇压奚、契丹等民族得势。唐玄宗李隆基和李林甫宠信纵容安禄山，安禄山一身兼任范阳、平卢、河东三镇节度使，管辖今京津、河北、山西、辽宁及其以东以北广大地区，封东平郡王，统兵十余万。后反于范阳（今北京），破洛阳、陷长安，安禄山在洛阳称大燕皇帝。不久，安禄山为其子安庆绪所杀，安庆绪又为史思明所杀，史思明为其子史朝义所杀，唐室借回纥兵平定了叛乱。安史之乱前后历经8年，唐帝国几于覆灭。

安史之乱后，幽州、卢龙等地为藩将割据，或帅终将继，或父死子代，不断代立或篡夺，广德元年（763年）至后梁乾化元年（911年），刘守光称大燕皇帝，《寰宇分合志》所载："卢龙藩镇二十八易帅，历一百四十八年。"当时突厥、回鹘相继衰亡，奚、契丹势力微弱，幽州兵力强大，自守边约，不轻易外侵，社会尚安定。妫州及其以北七镇或称山后八军，为幽州兵员、粮食的来源地，居庸关为幽州重要门户。

李克用为西突厥部落中一支名为沙陀部首领，沙陀为西突厥别部，其地原在今新疆天山北路境。五代唐李克用、晋石敬瑭、汉刘知远，号为沙陀三族。沙陀部到李克用父亲朱邪赤心时代，因帮助唐朝平定叛乱有功，赐姓李氏，名国昌。父子在唐朝镇压黄巢起义时立下功勋，李克用被封为河东节度使，占据以晋阳（今太原）为中心的大片土地。

唐昭宗景福二年（893年）四月，幽州节度使李匡威率兵救成德镇王镕。李匡威其弟李匡筹乘机发动政变，占据幽州，自称节度使。部将刘仁恭将兵戍蔚州，过期未代，士卒思归。昭宗乾宁元年（894年），刘仁恭数因大将盖寓献策于李克用，愿得兵万人取幽州。李克用方攻邢州李存孝，分兵数千，欲纳仁恭于幽州，不克。同时，原李匡威部下高思继兄弟也率兵三千投降李克用。十二月，李匡筹遣大将率步骑数万救新州，李克用选精兵逆战于段庄（在旧怀来城南），大破之。斩首万余级，生擒将校三百人。进攻妫州（旧怀来城）。二十四日，李匡筹复发兵出居庸关，终仍大败，奔沧州而去。

宋、辽、金争夺八达岭

契丹是东北地区的一支少数民族，刘仁恭、刘守光父子占据幽州时渐渐强大。刘仁恭习知契丹情况，常选将练兵，乘秋深入摘星岭攻击，契丹畏之。每霜降，仁恭辄遣人焚塞下野草，契丹马多饥死，常以良马赂仁恭买牧地。北荒寒早，至秋，草先枯死。近塞差暖，霜降草犹未尽衰，故契丹南并塞放牧，焚其野草，则马无所食而饥死。唐昭宗天复元年（901年）耶律阿保机为本部统军马大官，专征伐。天复三年（903年），耶律阿保机遣其妻兄述律阿钵将万骑寇榆关，仁恭遣其子守光戍平州，守光伪与之和，设幄犒飨于城外，酒酣，伏兵执之以入。虏众大哭，契丹以重赂请于仁恭，然后归之。

后梁开平元年（907年），耶律阿保机即皇帝位，国号契丹。即位第五年（911年），讨东西奚平之。是年，燕王刘守光自称大燕皇帝。即位之日，契丹陷平州，燕人惊扰。辽初，在未占领燕云十六州之前，入侵中原多经由居庸关。神册元年（916年）八月，契丹太祖耶律阿保机亲率各部兵马三十万，号称百万大军，自麟（陕西神木县北四十里）、胜（在鄂尔多斯左旗后旗黄河西岸）攻晋蔚州，俘虏了振武（今内蒙古和林格尔）节度使李嗣本。十二月，收晋山北八军。自代北至河曲、阴山，尽有其地。

辽太祖神册二年（917年）二月，晋新州守将卢文进投降契丹。三月，卢文进引契丹兵急攻新州，新州刺史安金全弃城逃走，卢文进命其部下刘殷为刺史，守新州城。晋王为夺回新州，命幽州节度使周德威领幽、并、镇、定、魏五州之兵，五万之众，出居庸关，过八达岭攻新州，未果。此时契丹主帅兵三十万往新州救援，在妫川西部激战。契丹骑兵冲入幽州兵阵，勇敢异常，幽州兵大乱，死伤二万余人，周德威收拾残兵败将退回幽州。契丹兵乘胜追至幽州，声言有众百万。幽州以北山谷之间，毡车绒帐，羊马遍野，都驻扎着契丹兵。卢文进授契丹攻城办法，一方面往城里挖地道，一方面在城下堆土堆以备攻城，都被守军破坏。

契丹兵围幽州近二百天,城中危困,李嗣源、闫宝、李存审步骑七万会于易州。存审曰:"虏众吾寡,虏多骑,我多步,若平原相遇虏以万骑蹂吾阵,吾无遗类矣。"嗣源曰:"虏无辎重,吾行必载粮食自随,若平原相遇,虏抄我粮,吾不战自溃矣,不若自山中潜行趋幽州,与城中合势,若中道遇虏,则据险拒之。"八月十七,自易州北行,逾大房岭,循涧而东。嗣源与养子从珂,将三千骑为前锋,距幽州六十里,与契丹遇,契丹惊却,晋兵翼而随之,契丹行山上,晋兵行涧下,每至谷口,契丹辄邀之,嗣源父子力战,乃得进至山口。契丹以万余骑遮其前,将士失色,嗣源以百余骑先进,免胄扬鞭,胡语谓契丹曰:"汝无故犯我疆场,晋王命我将百万众,直抵西楼(西楼在辽上京,距幽州三千里,契丹好鬼而贵日,其大会聚视国事,皆以东向为尊,西楼门窗皆东向),灭汝种族。"因跃马奋槌,三入其阵,斩契丹长一人。后军齐进,契丹兵却,晋兵始得出。将至幽州,契丹列阵待之,存审命步兵阵于其后,戒勿动,先令羸兵曳柴燃草而进,烟尘蔽天,契丹莫测其多少,因鼓噪合战,存审乃趣后阵起乘之。契丹大败,席卷其众,自北山取古北口路而去,委弃车帐铠仗,羊马遍野,晋兵追之,斩俘万计。

辽军取胜后,意挥师向东入居庸关。神册六年(921年)十月,晋新州团练使王郁投降契丹,耶律阿保机率大军攻蔚、新、武、妫、儒五州,斩首一万四千七百余级,越八达岭、居庸关,进攻幽州。晋幽州节度使李绍宏据城自守,契丹兵南攻涿州、定州,被晋王打败,契丹兵退走。晋代州刺史李嗣肱带兵收复妫、儒、武三州。

后唐清泰元年（934年），妫州等地十三寨百姓起事，收复了新州。居庸关和古北口两个重要关隘失守，辽军如入无人之境。

石敬瑭，后唐河东节度使，后唐主李嗣源的女婿。李嗣源死后，养子李从珂废掉李嗣源的亲子李从厚，自立为皇帝。石敬瑭与李从珂本不和睦，在其他人建议下，石敬瑭派遣使者去向契丹求援，此时耶律阿保机已死，耶律德光即位，石敬瑭尊比他小十岁的耶律德光为父，并答应将燕云十六州送予契丹。

九月，契丹主率军五万，在晋阳城下打败了唐兵主力，攻下洛阳，灭了后唐。十一月，契丹主立石敬瑭为大晋皇帝，收取燕云十六州。大晋每年向契丹进贡帛三十万匹。从此，妫川成为辽国国土，八达岭成辽国控制的关口，其战略地位不减。

后晋高祖石敬瑭天福三年、契丹太宗会同元年（938年）十一月，晋遣赵莹奉表称臣，以幽（北京）、蓟（蓟县）、瀛（河间）、莫（任丘）、涿（涿县）、檀（密云）、顺（顺义）、妫（怀来）、儒（延庆）、新（涿鹿）、武（宣化）、云（大同）、应（应县）、朔（朔县）、寰（马邑）、蔚（蔚县）十六州并图籍来献。契丹升幽州为南京，改新州为奉圣州，武州为归化州，妫州为可汗州。辽景宗死后，儿子圣宗继位，年12岁，其母萧太后临朝秉政40余年。

辽圣宗统和四年（986年，宋雍熙三年），宋太宗发起"雍熙之役"，向辽进攻，企图收复燕云十六州。三月，宋西路军进展顺利，辽应州、飞狐关、灵丘守将相继投降，又攻下云州。辽军西线吃紧，于是辽圣宗"诏两部突骑赴蔚州，以助阆览。横帐郎君老君奴率诸郎君巡徼居庸之北"。

萧太后与圣宗隆绪、兴宗宗真、道宗洪基是嫡系祖孙四代。大辽国先朝"圣宗皇帝銮舆初从上京临潢府（今内蒙古巴林左旗东北一百四十里波罗城）銮舆南幸，驻跸于此"。即驻跸于今延庆缙阳山下龙泉。统和二年（984年）以枢密直学士、给事中郑䪫为儒州刺史，在今延庆养鹅池修建行宫。萧太后和圣宗多次经过居庸关，到儒州等地巡视、检阅军队，指挥军队南侵宋朝边疆。从后唐应顺元年（934年）到宋宣和四年（1122年）近200年间，妫川在契丹统治下，八达岭未发生大的战争，妫川人得以休养生息。

天庆四年（1114年），东北的女真族不堪忍受辽的掠夺，在部族首领完颜阿骨打率领下起兵反辽，一举攻取宁江州（今吉林扶余东南小城子），又在出河店（今黑龙江肇源西南）再败辽军，并在第二年正月称帝建元，国号大金。金政权建立后，向辽发起了节节进攻，对辽产生威胁，而宋从中看到收复燕云十六州的希望。宋徽宗于重和元年（1118年）派马政自登州渡海赴辽东与金谈判合力攻辽事宜，后又派赵良嗣及马政之子马扩使金。

宋宣和三年（1121年，金天辅五年）九月，宋致金国书中提道："已差太傅知枢密院事童贯领兵相应，使回，请示举军目的，以凭进兵。夹攻所有五代以后所陷幽、蓟等州旧汉地及汉民，并居庸、古北、松亭、榆关已议收复。所有兵马，彼此不得侵越过关，外据诸邑及贵朝举兵之后，溃散到彼余处人户，不在收复之数，银绢依与契丹数目岁交。"即约定宋金双方夹攻辽，宋收复居庸、古北、松亭、榆关之南原汉地，彼此不得过关。宋将原来给辽的岁币予金。双方达成了史称为"海上之盟"的盟约。

是时，宋对"燕云十六州"及"旧汉地"的地理界线模糊，金深知。完颜兀室说："有居庸、金坡等关，贵朝占据，古北、松亭关，本奚家族帐。"又说："古北、居庸本是奚地，自合本朝占据，今特将古北口与贵朝，其松亭关本朝屯戍，更不可说。"明确古北口、居庸关等原奚地给宋，松亭关则不能。

辽在金军的进攻下溃败，辽天祚帝于保大二年（1122年）正月从燕京逃至鸳鸯泊（今河北省张北县西北）。在金军进攻下，又逃至西京（今山西省大同市）。天祚帝的叔父耶律淳留守燕京，在李处温、萧干等人的推戴及郭药师所统率的怨军的支持下于三月自称天锡皇帝，改元建福。四月，宋派宦官童贯率兵十万进攻燕京，为辽耶律大石、萧干所败。六月，耶律淳病死，其妻萧德妃称制。七月，宋派刘延庆统军再次攻燕。鉴于上次宋军的失利，刘延庆"与幕府议持重，不可进兵，使女真军马先入居庸关，收下燕京，然后多以岁币赎之，此为万全"。辽常胜军（即原来的怨军）首领郭药师降宋，刘延庆鼓起勇气，命郭药师率部突袭燕京。虽攻入，但苦战，无援兵至，乃率少数士卒突城，刘延庆全军溃退，宋朝的两次攻燕之役均告失败。

辽保大二年、金天辅七年（1122年），金太祖亲自率领大军攻辽。辽中京大定府（今辽宁宁城西大名城）及西京大同府（今山西大同）先后被金攻陷。从西途经归化州（宣化）、可汗州（怀来），一直到妫川八达岭下。十二月，兵分三路进攻幽州。一路由迪古乃率领，出德胜口至昌平，再从南口攻居庸关。一路由娄室率领,过八达岭攻居庸关。一路由婆卢火率领,从今怀来横岭向东攻居庸关。十二月初,金军在古北口大败辽军后,又向居庸关进发。"太祖取燕京,婆卢火为右翼,兵出居庸关,大败辽兵,遂取居庸。萧妃遁去,都监高六等来送款乞降"。辽兵不战而溃。金兵很快占领居庸关,随后包围燕京。初六,金主到燕京。从南门入。萧德妃与萧干自古北口向夹山逃去,金胡石改从娄室击败辽军二万于归化(宣化)之南,遂降归化,从取居庸关及其山北诸屯。自此,八达岭成为金的领地。

成吉思汗举兵三破居庸

金章宗完颜璟泰和六年(1206年),蒙古族首领铁木真经过数年战争,统一了长期分裂、战乱频繁的漠北各部,被尊为成吉思汗。随着接连不断的胜利,成吉思汗决定对金朝用兵。13世纪初,金朝曾以谋反罪处死俺巴孩(成吉思汗的曾祖)等蒙古首领,金朝为防备蒙古报复,在其疆界的西北部修筑了一条长1500余公里的边堡长城。用兵前,成吉思汗进行了充分的准备,他利用各种渠道和手段,获取金朝军事情报,他知道金朝在西北部筑有长城,但不清楚其规模,于是诱降为金国守长城北部地区的汪古部,使汪古部地区成为蒙军攻金的作战基地,并招纳金军戍边将士,从中了解到金长城军事力量及部署情况。

为解除金藩属西夏对蒙军的牵制，成吉思汗先后三次进攻西夏，迫使其归降，消除了攻金的侧后翼威胁。1210年蒙古断绝了与金的岁贡关系，正式同金朝对抗。1211年二月，成吉思汗誓师伐金，亲统大军南下，进至金长城北部的汪古部驻地（今内蒙古巴彦淖尔市、乌兰察布市一带），命部队集结休整，另派轻骑刺探金军实力。四月，金帝完颜允济闻报，大为恐惧，遣使乞和，失败，遂命平章政事独吉思忠、参知政事完颜承裕领兵堵御。七月，成吉思汗兵分两路叩边，东路军由成吉思汗亲自率领，直趋金长城要冲乌沙堡、乌月营（今河北张北西北），击败守堡主帅独吉思忠部，独吉思忠败逃。金军大将郭宝玉领兵来援，被蒙古军包围于野外，缴械投降。

乌沙堡失陷后，金帝命完颜承裕为帅，指挥阻击蒙古军。完颜承裕见边堡已失，无法再坚守界壕，率军南撤退守野狐岭。成吉思汗命大将木华黎率前锋向野狐岭金军大营冲杀，自率主力继后，金军大溃，又退至会河堡（今河北怀安东）。蒙古铁骑紧追不舍，经三天激战，歼灭金军精锐三十万，完颜承裕逃回中都。

九月，蒙古军抵居庸关北口，金军固守居庸关，成吉思汗"遣札八儿使金，金不为礼而归。金人恃居庸之塞，冶铁锢关门，布铁蒺藜百余里，守以精锐。札八儿既还报，太祖遂进军，距关百里不能前，召札八儿问计。对曰：'从此而北黑树林中有间道，骑行可一人。臣向尝过之。若勒兵衔枚以出，终夕可至。'太祖乃令札八儿轻骑前导。日暮入谷，黎明，诸军已在平地，疾趋南口，金鼓之声若自天下，金人犹睡未知也。比惊起，已莫能支吾，锋镝所及，流血被野。关既破，中都大震"。

蒙古军长驱直抵中都城下，城上金军发射火炮轰击，蒙古军死伤甚多。成吉思汗见中都屯有重兵，确信金军有"二十万"众之说，且无攻城器具，遂下令撤围。蒙古西路军，由成吉思汗之子术赤、察合台和窝阔台率领，攻略金云内（今内蒙古土默特左旗东南）、东胜（今托克托）、武州（今山西五寨北）、朔州（今山西朔县）等地，掳获大批人畜、马匹和财物后还师漠北。

蒙古退军后，金右副元帅府经历官李英看到居庸关对中都的重要性，上书右副元帅术虎高琪："中都之有居庸，犹秦之有崤、函，蜀之剑门也。迩者撤居庸兵，我势遂去。今土豪守之，朝廷当遣官节制，失此不图，忠义之士将转为他矣。又曰：可镇抚宣、德、德兴余民，使之从戎。所在自有宿藏，足以取给，是国家不费斗粮尺帛，坐收所失之关隘也。居庸关咫尺，都之北门，而不能卫护，英实耻之。"金廷随即任命李英为尚书工部外郎，"充宣都提控，居庸等关隘悉隶焉"。

八达岭全景旧照

1212年秋，成吉思汗第二次率军南下攻金，东路由大将哲别率领取东京（今辽宁辽阳）；西路由成吉思汗率领越过阴山，直趋西京（今山西大同）。金军元帅奥屯襄率师，从东面沿长城救援西京。成吉思汗采取围城打援之策，命西路的一部围攻西京城；一部在西京东北方向的密谷口设伏，金援军驰至密谷口，成吉思汗指挥伏兵突起，将金援军全歼。之后，进攻西京城，城上守军顽强抗击，炮矢齐放，战斗十分激烈，成吉思汗城下督战，被流矢射伤，被迫解围而去。与此同时，哲别率领的东路军，进攻东京，屡攻不克，遂施展计谋，佯退而去。东京守军以为蒙古军一去不再返回，戒备松弛，哲别趁夜急驰而还，突袭守军，大获全胜，俘虏金军十余万人，尽运其财物，一月后退去。

　　次年七月，成吉思汗第三次率军攻金。金帝在蒙古军两次进攻后，看出成吉思汗有夺取中都之意，迅速调兵遣将，加强中都北部屏障居庸关的防守力量，以精锐扼守居庸关，冶铁锢关门，布铁蒺藜百余里。蒙古军由野狐岭突入，克怀来（今属河北），取缙山（北京延庆），直抵居庸关，成吉思汗见金军据关严守，

无法通过，遂留部分兵力与金军正面对峙，自率主力由林中间道，迂回南下，袭取紫荆关（今河北易县西北），蒙古大军进入中都背后的平原地带，成吉思汗又分军北上取居庸关南口，与北口蒙古军夹击守关金军，一举攻破关城。蒙古军再次进抵中都城下，成吉思汗以少部兵力围中都，将主力分为三路深入中原腹地，大肆攻略黄河以北地区，破城堡90余座。次年三月，各路蒙古军会合中都城下，迫金帝求和，奉献岐国公主及大批金帛、马匹，并派丞相完颜承晖陪送蒙古军出居庸关。

同年，成吉思汗再次向中都发起进攻，击败金完颜纲、术虎高琪。"金兵保居庸，诏可忒、薄刹守之。遂趋涿鹿。金西京留守忽沙虎遁去。帝出紫荆关，败金师于五回岭，拔涿、易二州。契丹讹鲁不儿等献北口，遮别遂取居庸，与可忒、薄刹会"。蒙古军攻下居庸关后，围攻中都久攻不下。第二年三月，成吉思汗"乃遣使谕金主曰：'汝山东、河北郡县悉为我有，汝所守惟燕京耳。天既弱汝，我复迫汝于险，天其谓我何。我今还军，汝不能犒师以弭我诸将之怒乎？'金主遂遣使求和，奉卫绍王女岐国公主及金帛、童男女五百、马三千以献，仍遣其丞相完颜福兴送帝出居庸"。这样，居庸关就成为任由蒙古军出入的通道。

蒙古退军后，金宣宗惊恐不已，迁都汴京。南迁中，金军哗变，杀其主帅、降蒙。成吉思汗乘机遣将石抹明安、三摸合拔都率军由古北口入长城，会合乱军再攻中都，多次击溃金援军，使中都城陷入粮尽援绝的困境。1214年五月，蒙古军终于占领中都，改中都为燕京。

燕王朱棣取居庸

朱棣，为明太祖朱元璋第四子，洪武十年（1377年）被封为燕王。洪武十三年（1380年）三月就藩北平，赐燕王中左右三卫，吏卒五千七百七十人。朱棣相貌奇伟，美髭髯，智勇有大略，能推诚任人。诸王封国时，太祖多择名僧为傅，洪武十五年（1382年）孝慈高皇后马后去世，燕王与诸皇子回京奔丧，事后，太祖选僧人随诸王到封地为马后祷告。僧道衍（俗名姚广孝）知燕王当嗣大位，自言曰："大王使臣得侍，奉一白帽与大王戴。"盖白冠王，其文皇也，燕王遂乞道衍，得之。洪武二十三年（1390年），燕王与晋王棡（太祖第三子）讨乃儿不花，晋王怯不敢进，燕王倍道趋迤都山，获其全胜而还，太祖大喜。是后屡率诸将出征，并令王节制沿边士马，王威名大振。

洪武三十一年（1398年），太祖朱元璋去世，21岁的皇太孙朱允炆继位，改年号为建文元年，援引太祖遗诏，禁诸王回京会葬，燕王至淮安，令返回封地，引起诸王不满。朱允炆在做皇太孙时，曾与他的伴读黄子澄商议削藩对策。即帝位后，便决定向势力最大的燕王朱棣开刀，皇族内部矛盾迅速激化。

朱棣于建文元年（1399年）七月，起兵反抗明朝"中央政府"。时北平指挥使俞瑱，守居庸关，简练士卒，得数千人，将进攻北平。

燕王曰："居庸关路狭而险，北平之咽喉，百人守之，万夫莫窥，必据以乃无北顾忧。瑱若据此，将附吾背也，宜急取之，缓则增兵缮守，后难图矣。"遂专力攻瑱。令指挥徐忠、钟祥等击瑱，瑱且守且战，援兵不至，七月十一，燕兵陷居庸关。瑱弃关走怀来，往依宋忠。七月，燕兵陷怀来，宋忠军被杀数千人。燕兵既克怀来，山后诸州皆不守，而开平、龙门、上谷、云中守将往往降附矣。永平指挥使郭亮等叛降燕，二旬燕王众至数万。八月，败建文帝耿秉文三十万军于真定、河间。十月，燕兵自刘家口间道袭陷大宁，燕以宁王朱权及朵颜三卫卒归北平。

建文帝命李景隆征诸路兵五十万进攻燕军，李景隆闻燕王进攻大宁，引兵自德州渡卢沟桥，遂围北平，筑九垒于九门，又结九营于郑村坝。景隆攻丽正门几破。燕王世子朱高炽守北平，善拊士卒，以万人拒景隆五十万众，城中妇女并乘城掷瓦石。景隆令不严，骤退，北平守益坚。十一月，景隆遣都督陈晖领哨骑渡白河，燕王从大宁旋师，率精骑薛禄等逆击之，晖败。燕兵乃率精锐攻一营，尽歼之，连攻七营，遂逼景隆营。景隆不能支，宵遁。建文二年（1400年）正月，燕兵攻下蔚州。

建文四年（1402年）六月，燕兵至南京金川门，谷王惠、李景隆等开门纳王，都城遂陷，建文帝下落不明。杀齐泰、黄子澄、方孝孺等，并夷其族。燕王攻下南京，夺取皇位，改建文四年为洪武三十五年。改居庸关守御千户所为隆庆卫（隆庆卫之名取元隆镇卫之"隆"字、龙庆州之"庆"字而得名）指挥使司，领千户所五，以为京师北面之固。

燕王夺取皇位后，决定把京师从南京迁到北平，同时择地建陵，故特别重视居庸防务。永乐元年（1403年）正月，以北平为北京，改北平府曰顺天府。

明英宗与土木之变

元末明初，蒙古分裂为兀良哈部、鞑靼部、瓦剌部三部。其中，瓦剌经过长期发展，势力增强，瓦剌首领也先统一蒙古，并有吞并中原之心。明廷与瓦剌虽保持朝贡关系，但也先桀骜不驯，本来朝贡使五十人，为了多求赏赐，正统十四年（1449年）春二月，也先派遣二千余人进马，诈称三千人，王振怒其诈，减去马价，使回报，遂失和好。也先并遣人到大同、宣府向地方官索要粮物，亦遭到拒绝。先是也先遣人入贡，通事辈利其赂，告以中国虚实。也先为幼子求婚，通事私许之，朝廷不知也。至是贡马，曰："此聘礼也。"答诏无许婚意，也先益愧忿，遂构衅，谋寇大同。

同年七月，瓦剌部首领也先以明廷辱谩其贡使为名，分兵四路向辽东、宣府、大同、甘肃四镇长城发动了大规模的进攻。东路，由脱脱不花与兀良哈部攻辽东；西路，派别将进攻甘州（甘肃张掖）；中路为进攻的重点，又分为两支：一支由阿剌知院所统率，直攻宣府围赤城，另一支由也先亲率进攻大同。也先进攻大同的一路，"兵锋甚锐，大同兵失利，塞外城堡，所至陷没"。大同镇长城几乎全线瓦解，大同参将吴浩战死于猫儿庄。

　　大同告急，朝廷震惊，英宗在宦官王振的蛊惑下，仓促下诏亲征。八月，英宗率领的五十万军队从北京出发，由于组织不当，一切军政事务皆由王振专断，随征的文武大臣却不使参与军政事务，军内自相惊乱。英宗和王振此时才判断出事态的严重性。明军进到大同。也先为诱明军深入，主动北撤。王振看到瓦剌军北撤，仍坚持北进，后闻前方惨败，则惊慌撤退。本欲使英宗于退兵时经过其家乡蔚州"驾幸其第"，显示威风，又怕大军损坏他的田园庄稼，故行军路线屡变。

　　七月十五、十六两天，阳和（今山西阳高）之战，瓦剌也先部队又一次全线突破长城，大同总督西宁侯宋瑛率部迎战，双方在阳和后山展开激战，但因明军将领被王振的亲信、监军宦官郭敬所掣肘，结果全军溃败。这时宣府、蓟镇、辽东北地长城沿线传来防御吃紧的奏报。对作战一窍不通的王振慌忙之中急令班师回京。在绕道宣化退至距当时的怀来城二十里的土木堡时，王振下令全军在无险可守的土木堡就地宿营。十四日黎明，瓦剌军四面包围了土木堡，并切断了水源。土木堡地势高，掘地二丈仍未挖出水来，全军陷入绝境。这时也先佯做撤退，并派使者讲和，王振信以为真，急令移营就水。明军刚一行动，三万瓦剌精骑突然从四面八方杀来，明军顿时大乱，随行大臣多数战死，英宗也只好下马盘膝坐以待俘。这次战役，明史上称为"土木之变"。

　　瓦剌人挟持着明英宗，一路上烧杀掳，向着北京城杀来。英宗的弟弟朱祁钰即皇帝位，以于谦为兵部尚书，坚守北京，瓦剌人大掠河北平原以后，带着英宗北去。

此一战役，明军死伤数十万，文武官员亦死伤五十余人。英宗被俘消息传来，京城大乱。郕王于九月初六登基，是为景帝，以第二年为景泰元年，奉英宗为太上皇。瓦剌俘虏明英宗，便大举入侵中原，逼近北京，势不可挡。

土木之变后，朝廷无主，京师守军不足十万，形势十分危急，有人提出迁都金陵，兵部左侍郎于谦力排迁都之议，要求坚守京师，主张抗战。英宗弟郕王朱祁钰（后为代宗）任命于谦为兵部尚书，全权指挥守城作战。于谦调集河南、山东等地将士入援；提拔得力将领，分别镇守宣府（今河北张家口宣化区）、大同、居庸关和紫荆关等重要关口和要地；调整京师"三大营"主将；扩充兵员，日夜操练，铸造兵器，筹备粮草，缉拿奸细。经过一个多月的紧张备战，京城守御能力迅速加强，人心稍安。于谦将主力列阵于九门之外，与总兵石亨亲自督阵德胜门。此即"北京保卫战"。

与京城保卫战同时进行的还有居庸关保卫战，配合京师取得

从长城外拍摄的八达岭（1871年）

抗击瓦剌入侵的全面胜利。

瓦剌退走后，明朝廷亡羊补牢，重新整顿北方边务，派罗通提督守备居庸关。罗通到任后对居庸关形势进行了一番调查研究，向景帝上书说：居庸关为敌出入之冲，大小关口宜各增兵，口凡三十有六，可通人马者七，宜可增人百，乃命大将一人，统兵三万，分驻是营于关外。景帝批准了他的计划。接着，又派左军都督同知顾兴祖，右军都督同知刘安和中军都督金事刘景聚修塞沿边关隘，重修居庸关城。八达岭也得到了进一步的修筑。

戚继光岭上固边

戚继光（1528—1587），定远（今安徽省定远县）人，自幼"倜傥负奇气。家贫，好读书，通经史大义"。起初世袭登州卫指挥，在山东御倭。嘉靖三十四年（1555年），东南沿海倭患严重，被调往浙江，任参将。他见旧军素质不良，到浙江东郊招募了义乌县的农民矿工，编练新军，号称"戚家军"。"继光为将号令严。赏罚信，士无敢不用命"。经过严格训练，戚家军成为抗倭主力，名闻天下。戚继光至嘉靖四十二年（1563年）官职升至福建总兵官，东南倭患解除后，隆庆元年（1567年），因蓟门多警，戚继光继谭纶之后被张居正调蓟镇。谭纶在浙江台州知府和福建巡抚任上与戚继光同在东南沿海御倭，戚继光曾为其中军统帅，二人甚为相知。

戚继光初到北京时，为神机营副将。当时，新任蓟辽总督的谭纶，竭力向朝廷推荐戚继光，请求调集三万步兵并招募三千浙江兵交给戚继光进行训练，获准。

针对当时边兵只习马战，不谙山战、林战、谷道之战的情况，戚继光提出调浙东杀手、炮手各三千，再招募一些西北壮士，训练马军五支、步军十支的请求。在谭纶和张居正的支持下，他的练兵请求得到批准。

戚继光巡行塞上，发现"自嘉靖以来，边墙虽修，墩台未建"，而"蓟镇边垣，延袤二千里，一瑕则百坚皆瑕。比来岁修，徒费无益"，于是提议由戍边士卒修建敌台，筑台工作得到了谭纶的大力支持，并获准调军纪严明的三千名浙江抗倭将士前来蓟州参与筑台工作。据《明史·谭纶传》载，谭纶曾"与继光图上方略，筑敌台三千，起居庸至山海，控守要害"。

戚继光主持修筑的长城由城墙、敌台、墙台、烽火台、关城等几部分组成。在戚继光的规划和督办下，从山海关至北京的长城沿线，共筑敌台、战台1200座（原计划要建3000座）。当遇战争爆发之时，在敌台上可"从上临下，用火器、佛郎机、子母炮更番击打"，"器用尽以火炮代之"。一个战台一般需30人守台、30人守垛，分6伍，备火药300斤。此外，在战台上还存有神箭、铁棍，以及数以千计的大小石块，同时还储备一个月的口粮和用水等。这种"制作久而弥精，心思熟而愈巧"的战台设施，既可出击，又可据守，并可与长城上的城台、敌台（敌楼）等军事设施配合，增强作战威力。

　　自嘉靖二十九年（1550年）俺答犯京师之后，明廷特别重视蓟镇边防，增兵益饷，骚动天下，十七年间先后更易大将十人，然而蓟州仍然不得安宁。而戚继光在任十六年，因整顿军纪，训练边军，修筑边墙，增建敌台，创立新兵种，从而使得"边备修饬、蓟门宴然"。戚继光因镇守蓟州功勋卓著，被加封"太子太保"，援辽告捷后，又加封"少保"，被称为"戚少保"。

李自成进攻八达岭

　　明崇祯十七年（1644年），李自成在西安建立大"大顺"政权，改元永昌，改名自晟。二月，亲率大军东征，过黄河进山西，进攻太原。随后，兵分南、北两路，按部署进发。李自成率北路主力军沿长城攻杀，在宁武关与明军激战数日，全歼明总兵周遇吉部。三月攻陷大同直抵居庸关。

　　三月初七日，明定西伯总兵官唐通带兵八千入卫，命随同太监杜之秩守居庸关。三月十一日，李自成占领宣府，居庸关太监杜之秩、总兵唐通见各镇守将多降，也以关降。南路农民军以优势兵力攻破固关，之后一路畅通无阻，沿途守军纷纷望风归附。十六日，李自成破昌平，诸军皆降，总兵李守刎。十七日，两路农民军会合于京郊。崇祯帝以禁卫军分守九门。李自成一面用武力威胁，一面命投降太监入城劝崇祯禅让帝位。崇祯帝故意拖延和谈时间，等待援兵。李自成识破其诡计，下令发起猛攻，农民军于西直门、阜成门和德胜门三处架云梯强行登城。京师三大营归顺农民军。黄昏，太监曹化淳打开彰义门迎降，农民军涌入京城。十九日晨，崇祯帝闻外城已落入农民军手中，万念俱灰，自缢于煤山。农民军占领京师，明亡。

三月，辽东总兵平西伯吴三桂闻京师陷，乞师于清军讨李自成，薄山海关。李自成令三桂父襄作书招三桂。令明居庸关降将定西伯唐通带兵三十万说吴三桂投降。四月二十日，李自成兵二十万，陈于山海关内，自北山亘海，被吴三桂、清兵击败。李自成杀吴襄，奔还京师，出齐化门西走。五月初二日，清兵入北京。

军阀混战时的过境战争

20世纪20年代中期，是中国近代史上最动荡的年代，军阀混战投入兵力最大，涉及地域最广。八达岭地区作为几千年来的军事要地，战略地位凸显。

1924年，冯玉祥率领的国民军占据八达岭以北的京北22县。1925年年底，冯玉祥协助郭松龄反奉失败后已成为张作霖和吴佩孚的共同敌人，因此一面宣布下野，一面保荐自己的部将鹿钟麟、张之江、李鸣钟、宋哲元、刘郁芬分别为京畿、察哈尔、绥远、热河和甘肃等省区的总司令，企图借此保持这些地盘。由于目标一致，张作霖和吴佩孚这样一对曾经的对手因此得以和解，并进而联合倒段、讨冯。

1926年4月，奉系军阀张作霖在英、日等国的支持下，联合吴佩孚向北京进逼，冯玉祥被迫下野，赴苏联考察。国民军随即发布通告，宣称"本军为顾全地方，保全实力起见，将放弃北京，退守南口"。1926年4月15日国民军撤出北京后，分别设立了军事、政治和财政三个委员会，由张之江、张秋白和魏宗晋分任委员长。南口大战之作战计划是由张之江等高级将领安排的。为适应实战需要，国民军将原来的九个军缩编为六个军及两个骑兵旅，统由张之江指挥。察哈尔都统鹿钟麟为东路总指挥，统一指挥孙连仲、郑金声、徐永昌的一、二、三军和张诚德之骑兵旅，负责坚守察哈尔，迎击奉、直联军。第一军在宣化、赤城集结，第二军集结于怀来、延庆和南口左侧，第三军集结于南口右侧，另有一个步兵师和骑兵旅分别集结于多伦、沽源和马拉格一带；西路军总司令为热河都统宋哲元，统一指挥方振武、石友三、韩复榘的四、五、六三个军，重点维护京绥铁路之交通要道，并迅速歼灭大同晋军。为此，西路军所部三个军的兵力分别部署于天镇、阳高、左云、右玉、大同一带；而东、西两路军之中间地区则由骑兵监控。此外，由甘肃代理督办刘郁芬和绥远都统李鸣钟共同肩负巩固后方之重任。

1926年7月24日起，国民军与直奉鲁联军在南口、居庸关、青龙桥、八达岭等地先后展开激烈炮战。8月13日，国民军主动自南口向绥远撤退。8月15日，奉鲁联军之第七军军长于珍占领南口，史称"南口大战"，奉军借此据有八达岭。1927年5月，奉军从八达岭退至北京，后向山海关外撤退。晋军再次进驻八达岭以北。1928年6月，蒋介石在北京西山碧云寺召开会议，决定建立察哈尔省，八达岭北划归察哈尔省。

1935年6月，29军副军长秦德纯与日本屯军代表土肥原贤二签订"秦土协定"，规定察哈尔东部地区为非军事区，中国军队全部撤离八达岭以东地区。

1937年7月7日，日本发动了全面侵华战争，中国人民奋起反抗。7月30日，日军占领北平，沿平绥路北犯，8月28日进攻南口，中国军队失利，日本侵略军遂沿绥平路北上，直抵张家口，在张家口建立了伪蒙疆自治政府，在北平建立了伪华北地区自治政府，以八达岭为两个伪政府的分界线。在此之间，伪满洲国军队进入了八达岭以东地区，八达岭下的延庆县成为三个伪政府的结合部。

1938年6月，八路军第四纵队从平西经八达岭挺进冀东。1940年1月，八路军派王伍率领一百余人的队伍，由平西出发，往北开辟平北根据地，这支队伍在八达岭西越过平绥路，入八达岭以北地区，在八达岭正北约30公里的海沟建立了平北军分区，领导了西至张家口、东至承德、南至北平、北至坝上草原的广大地区的抗日游击战争，八达岭为抗日游击战争中的一个特殊战场。同年，中国共产党在八达岭内外建立了昌（平）延（庆）联合县。

1945年8月15日，日本宣布无条件投降。驻张家口日军，拒绝向八路军缴械，企图南逃北平。8月20日，延庆县八区武装部长穆桂成奉命带领民兵在八达岭西4公里处，将南逃日军乘坐的火车炸塌。21日，平北军分区副司令员钟辉琨率新六团赶到八达岭下，灭伪军百余人，解放了八达岭西重镇康庄，切断了平绥路，阻止了日军南逃。日本投降后，八达岭成为中国共产党解放区和国民党统治区的分界线。

1946年10月，国民党军队占领八达岭以北解放区。1948年11月辽沈战役结束，东北解放军迅速入关，同华北解放军一道，发起了平津战役。国民党华北地区的50万军队部署在归绥、张家口、新保安、南口、北平、通县（今北京市通州区）、天津、塘沽、唐山诸点，形成一个一字长蛇阵，目的是能固守则固守，不能固守则西逃绥远或由海上南撤，中国人民解放军对各个据点采取了分割包围、分别歼灭的策略。

1948年12月初，国民党为迎接其35军由张家口东撤，派16军进驻八达岭下，东北解放军41军以急行军速度，从蓟县昼夜兼程，于12月8日到达八达岭附近，121师将国民党军包围在八达岭以西10公里处，平绥线上重镇康庄也被中共牢牢控制。123师占领了八达岭上有利地形，122师则从西切断了康庄与怀来敌军的联系，中国人民解放军在八达岭附近地区全歼国民党16军6600余人。

1949年1月，北平和平解放。八达岭地区几千年的战事从此结束。

保护与修复

中华人民共和国成立前，没有对长城的保护工作。中华人民共和国成立后，逐步开展长城的修复、保护工作。1961年，八达岭长城被公布为全国第一批重点文物保护单位。20世纪80年代，开展了"爱我中华 修我长城"活动，长城得到大规模、系统性的保护修复。2005年，中国国家文物局启动了为期10年的"长城保护工程"，其间开展了资源调查、实施保护项目、加强执法督察和宣传教育，实施了一大批长城保护项目。2016年，长城文化带保护利用规划写入《北京市"十三五"规划纲要》，长城的保护利用进入新的历史时期。

保　护

爱我中华　修我长城

初始保护　中华人民共和国成立前,没有长城保护。1953年,国家文物局拨款3亿元(旧人民币)指令延庆县人民政府负责将"居庸外镇"和"北门锁钥"门洞顶部裂壁照原样修复,并将21处坍倒城墙和城墙漏水路面加工整修。同时在关城公路北侧修建招待所13间,供游人休息和管理人员居住。国家文物局和河北省文化厅派人员来延庆商定具体修缮事宜,8月中旬开始,国庆节前完成。

1955年进行一次小规模整修。主要修复长城南四楼到北四楼墙垛,保证游人安全,拨款7万元。是时,没有原样城砖,需到附近城墙去寻找。1957年,国家文物局拨款5万元和北京市政府拨款10万元,对八达岭长城进行较大规模修复。延庆县政府成立"八达岭修缮委员会",县长兼任主任。修复项目包括彻底整修"北门锁钥",修复北岭从关城至四楼;修复南岭从关城至四楼;修复关城东门"居庸外镇";修建休息场所。修复后,大体恢复八达岭长城原貌,可供游览的长城长达1300多米,楼

八达岭西门旧照

台 8 座。

1961 年，国务院公布八达岭长城为全国第一批重点文物保护单位。国家投资数百万元分期补修八达岭关城城台和南北各 4 个墙台、敌台，开辟旅游；修复八达岭长城北五楼、北六楼两个城台。1978 年，北京市园林局投资 22 万元，将"居庸外镇"按原样修复。

1983 年，市文物局拨款 150 万元，修复北四楼至北六楼段长城 433 米，敌台 2 座。

"爱我中华　修我长城"活动

1984 年 7 月 6 日，《北京日报》第一版发表启事，《北京晚报》、八达岭特区办事处、《北京日报》等联合举办"爱我中华　修我长城"社会赞助活动。《北京晚报》记者苏文洋最初提出此项建议，赞助单位包括《北京晚报》、八达岭特区办事处、

八达岭东门旧照

《北京日报》、《北京日报（郊区版）》、《工人日报》。单位赞助以1000元为起点，个人以100元为起点。大单位赞助1万元、中小单位赞助5000元、个人赞助500元以上者可在八达岭长城上竖碑刻名，作为永久纪念。凡赞助者均有纪念品。赞助活动至1984年年底结束。

1986年9月18日，《北京晚报》发表"爱我中华　修我长城"社会赞助活动委员会《致海内外热心修复长城的各界人士》文章，指出：两年来，"爱我中华　修我长城"社会赞助活动得到海内外热心修复长城的各界人士的支持，取得鼓舞人心的成果。

全国各省、自治区、直辖市及港、澳地区有数千万人踊跃赞助。巴基斯坦、希腊、日本、美国、英国、法国、苏联、瑞典等26个国家的团体、友人和侨胞参加赞助，还收到艺术家捐赠的一批书画、雕刻品及其他实物。所有收到的赞助均出具收据，并分别存放于中国人民银行北京市东城区办事处安定门分理处和中国银行北京分行。为监督资金的合理使用，委员会特聘请著名的会计师李文杰、刘捷为这项活动的义务财务顾问。

文化部文物局赞助 10 万元之后，核工业部、兵器工业部、对外经济贸易部、中国石油化工总公司、中国国际旅行总社、中国对外贸易总公司、故宫博物院等 17 个部或部级单位及直属单位先后参加赞助，共计 35 万元。其中，赞助最多的是故宫博物院（5 万元）。

"爱我中华　修我长城"社会赞助活动在全国 29 个省、自治区、直辖市中的 25 个省、自治区、直辖市开展，除北京外，有上海、天津、河北、河南、湖南、湖北、云南、黑龙江、山东、辽宁、江苏、广东、广西、陕西、山西、内蒙古、甘肃、宁夏、安徽、四川、新疆、贵州、浙江、江西。

以长城命名的单位或以长城作为商标的厂家提供赞助。长城饭店赞助 1 万元，宣武区长城联合公司赞助 5000 元，中国石油化工总公司长城高级润滑油公司赞助 2 万元；以长城作为商标的北京市服装三厂和北京市人民食品厂各赞助 1 万元。

筹建"爱我中华　修我长城"社会赞助活动纪念碑。委员会聘请著名雕刻家刘开渠负责设计工作，刻邓小平同志题词"爱我中华　修我长城"总纪念碑。北京日报社作为"爱我中华　修我长城"社会赞助活动的主要发起单位，日常开支由报社负责。《北京晚报》总编辑顾行为活动委员会主任委员，为赞助活动奔走。晚报副总编辑张志华负责宣传，到京郊山区实地调查长城损坏情

北线北五、北六、北七、北八楼

况。1984年,八达岭特区办事处自筹资金45万元,修复北六楼至北八楼段长城334米,敌台2座。

1985年,用"爱我中华 修我长城"社会赞助款70万元修复北八楼至北十楼段长城531米,墙台、敌台2座。是年,贵州省3000万各族人民筹集赞助款35万元,用于修复南四楼至南七楼段长城426米,墙台、敌台3座。1987年又筹集10万元建"黔心亭"1座。

1986年,用"爱我中华 修我长城"社会赞助款38.8万元修复北十楼至北十二楼段长城578米,墙台、敌台2座。

1988年5月3日,"爱我中华 修我长城"捐赠书画展在中国美术馆开幕,历时一个月,展品200余件。作者中有许德珩、胡厥文、朱学范、周谷城等。

1988年5月28日,中外名画与艺术品捐赠展在劳动人民文化宫开幕。历时一周,捐赠 66 件名画和艺术品。其中有西班牙毕加索、美国勒维特、法国阿蛮、华侨赵无极等珍品。还有法国服装设计师、香水制造商皮尔·卡丹、多耐尔·道姆等提供的高级艺术品。中国参加捐献的 10 位艺术家有吴作人、吴冠中、黄胄、朱屺瞻、程十发、陆俨少、邓林、王子武、徐希、庞希泉等。

1994 年 7 月 9 日,《北京日报》发表署名崔立文章《万里长城万古存》纪念"爱我中华 修我长城"社会赞助活动 10 周年。10 年来参加赞助的个人有 50 余万人,参加赞助的单位团体近 10 万个,捐款折合人民币 2800 万元,用赞助款修复长城超过 6 公里,计八达岭长城 4000 米、慕田峪长城 1800 米、司马台长城 840 余米,修复敌楼、敌台 20 余个,建中国长城博物馆,拨款 100 万元。

文物主体保护

开放段长城的维修 1978 年,北京市园林局投资 22 万元,将"居庸外镇"按原样修复。1983 年,市文物局拨款 150 万元,修复北四楼至北六楼长城 433 米、敌台两座。1984 年,八达岭特区自筹 45 万元,修复北六楼至北八楼段长城 334 米、敌台两座。1986 年,修复并开放南五、六、七楼,北十楼顺延 50 米,共 483 延长米,完成投资 24.5 万元。使修复的长城延伸到 3140 米,浏览面积扩大到 13450 平方米。为缓解城上游人拥挤问题,投资 1.6 万元完成将北一、二、三楼敌楼窗口改为通道的工程。1987 年,

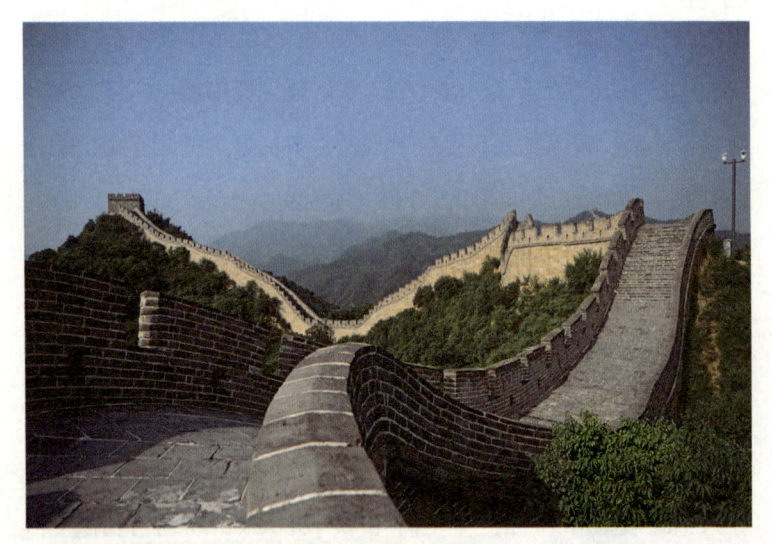

北线北十二楼

修复八达岭长城城墙 3741 米（南七楼至北十二楼）、敌楼 19 座。7 月，长城南五、六、七楼的修复工程竣工。安登城扶手 2375 米。完成平台至北一楼 42 米地面砖翻建工程，北一、二、四楼通道铺砌料石 29 平方米。1988 年，投资 30 万元，完成北十一、十二楼的修复工程（569 米），八达岭长城的浏览线延长至 3736 米。1988 年秋至 1989 年末，修缮北一、二、四楼和南四楼楼顶，北门锁钥平台至南一楼之间内侧墙体复原维修 130 米。

1990 年，投资 20 万元，翻修城墙步道 330 平方米，通过对社会各界借助长城拍摄影视、录像、广告的管理，收取文物保养费 22000 元。1997 年春季，对破损、残缺的垛口城砖、台阶、排水沟、墙体和部分地面进行了修补，维修费 35 万余元。修补墙体裂缝 34700 余平方米、台阶及地步道 570 平方米，补充泄水石槽177个，更换破损残缺城砖480块。焊接登城扶手70余米。1997年3月，对南一、二楼，北三楼存在的严重事故隐患及时制订了维修抢修计划，请长城专家到现场勘察，研究磋商，将修复方案及工程图纸呈国家文物局和北京市文物局审阅。此后，南一、二楼局部按原样修复；墙体开裂的北三楼局部，采取支撑加固措施，做了抢救性维修。

2005年，投资8万元，在南四、北四、北八楼长城敌楼制高点安装避雷针，更换地面砖150平方米。2006年，对八达岭水关长城上、下危险地段的安全防护设施进行维护，并增建登城路，增设应急分流路护栏。2007年，复建关城东门外的望京寺；完成八达岭国保未开放段南七楼至南十六楼1245米长城和9个敌楼的抢险加固工程。2008年，开展八达岭国保未开放段北十三台至北十九楼2455米长城和7个敌楼的抢险加固工程；完成为迎接北京奥运会开展的景区四大类35项一期升级改造工程。

2008年，根据《文物景区巡查制度》，对文物主体和建设控制地带进行定期巡视检查，巡查有记录、有拍照，发现有磨损严重或松动的城砖，由专业队伍进行及时更换维修。2009年，拆除影响长城景观的北一楼疏散铁梯，加装北七楼疏散铁梯；硬化北五楼至北六楼登城便道；配合国家文物局推进第三次全国文物普查工作，重点对7441米的国保段长城墙体和37个墙台、敌台进行摄像拍照和数据完善；完成景区二期6项升级改造工程。

2010年，完成八达岭长城国保未开放段北十三台至北十九楼抢险加固工程；对7441米的国保段长城墙体和37个城台、墙台、

北线北十、北十一楼

敌台进行摄像留影和数据完善；重新铺墁北四楼至北六楼170米的城下便道；与北京市古代建筑设计研究所合作对南四楼裂缝以及东平台漏水等进行维修，对北一楼至北十二楼避雷设施进行改造完善。

未开放段长城的抢险加固　八达岭国保段从南十六楼半至北十九楼共计长7441米（含开放段3741米），其余3700米的墙体和16座敌楼、敌台为未开放段。

2006年年初，八达岭特区办事处委托北京市文物保护设计所制订《八达岭长城国保未开放段长城的南七楼至南十六楼半抢险加固修缮工程方案》，经专家论证，于2006年4月获国家文物局批准。5月，公开招标后，确定北京市文物古建工程公司为施工单位。6月10日，举行工程启动仪式。总投资773.8万元，其中北京市文物局拨款 400 万元，八达岭特区办事处自筹 373.8 万元，2007 年 8 月 30 日工程竣工。2007 年，八达岭特区办事处完成对未开放段南七楼至南十六楼 1245 米长城的抢险加固。

2008 年，继续开展八达岭国保未开放段北十三台至北十九楼 2455 米长城和 7 个敌楼的抢险加固工程，投资 780 万元。2009 年，八达岭特区办事处会同延庆县文委，采用传统材料和工艺做法，对 1200 余米的残长城墙体进行抢险加固。2010 年，八达岭特区办事处投资近 1600 万元，相继完成八达岭国保未开放段 3700 米长城和 16 个墙台、敌台的抢险加固工程。对 7441 米的国保段长城墙体和 37 个墙台、敌台进行摄像、照相；对敌楼和墙体的长、宽、高、门数、窗数、垛数、水嘴、经纬坐标、海拔以及结构形制等进行测量、填表，对原来数据不全的进行补充。

日常保护工作　八达岭特区办事处文物管理科负责对文物进行日常保护和管理。根据制定的《文物景区巡查制度》，确定专人在文物主体保护范围、监控地带进行巡视检查，与专业维修队随时保持联系；巡查中有拍照、有记录。以文管科、基建科、综合监察管理大队（120 余人组成的执法队伍）为主体，形成文物保护队伍。通过分片包干、网格化管理等手段，加强对开放段长城保护情况的巡视检查，发现磨损严重的地面砖、松动的封顶砖以及涉及文物主体的损坏现象及时更换维修。按照文物保护工作的标准要求，自 1986 年开始收集整理文物档案资料，制作文物拓片，至 1996 年已形成一套完整规范的档案资料。2006 年，根据国家文物局"全国重点文物单位记录档案工作规范"的要求，在原有的基础上，又对记录档案进行重新整理，使各类档案记录不断充实、完整规范。

八达岭特区办事处建有包括文物保护、公安、工商、城管、保洁等部门组成的文物管理队（200人），由一名副主任主抓。各部门按照"专业分工，责任到人，综合管理"的原则，对长城文物、景区安全形成一张多层次、全方位的保护网络。少数游客乱刻乱画、损害长城文物的行为得到遏制。对北一楼、北二楼、北四楼和南四楼二层楼顶和东平台做防水，对长城墙体两侧的树木进行清理，对城下便道进行维修，切实消除安全隐患。

根据国家文物局对重点文物保护单位要求建立"四有"（有保护范围，有保护标志，有管理机构，有档案材料）的规定，1997年年初，八达岭特区办事处组织人员对八达岭特区办事处文物保护范围内的长城进行大规模的勘察工作。4月中旬，补拍

北线北七楼

部分录像资料，配以中文字幕，进行录音合成，连同档案材料汇编成主卷、副卷、备考卷，整理齐全。8月，上报到市文物局和国家文物局。1998年，加大巡查力度，重新制定巡查制度，采取责任到人、包干包段的巡查方法，增加巡查次数，保证巡查质量。2002年，重点段巡查每周两次，开放段巡查每月两次。年内发现682块地面砖破损，56块封顶砖松动，栏杆扶手开焊7处，均利用早晚时间进行维修。2003年，组织专人对八达岭镇域内的文物景观进行详细调查，并在镇域图内标出文物所在位置及详细的文字资料、照片（包括国保、市保、县保单位和多处文物景观）。与县文保所一起重点对石峡关和石峡峪堡遗址进行普查和资料整理，完成普查报告和文物图册等资料，使长城的文物和资料更加丰富。

2004年至2010年，日常管理巡查工作等同于以前，巡查数量和内容略有不同。是年，制定"十二五"（2011—2015年）规划期间八达岭长城文物保护项目。

长城修复

岔道古城　岔道古城系明嘉靖三十年（1551年）所筑，时民逾千户。设守备1名、把总3名。分东关、西关、关城。为"关北藩篱"，极具修复价值。1985年，岔道城被确定为延庆第一批重点文物保护单位。2001年7月被公布为北京市重点文物保护单位。2002年起，在市文物局等部门支持下，对破损严重的岔道古城进行整体修缮，恢复明清风格商贸文化街。2004年10月，一期修缮工程竣工。2005年8月，二期工程启动。2009年6月，工程全部完工。修缮后的岔道古城已成为八达岭历史文化保护区。

水关长城 水关长城位于距八达岭长城5公里的石佛寺村，属八达岭长城延伸部分的其中一段。正关箭楼总体高度为15.63米，平均高度12米，顶端内外四面均有垛口。2000年，八达岭特区办事处收回水关长城经营管理权，水关长城列入文管科职责范围。

2004年，对景区的安全保障设施进行改善，整修北城应急路，维修长城护栏、摊点，架设避雷针。2006年，在水关长城上、下危险地段增设应急分流路护栏。2007年4月，对水关长城景区进行大规模的升级改造和环境整治，完善旅游基础设施，并改造游客服务中心、停车场，复建金鱼池。

关城遗址 1998年至2000年，着手对关城遗址进行恢复。工程项目包括关城东兵营、南墙、广场、南兵营等地。其间，对关城进行环境整治，拆除摊点以及部分服务建筑，面积4600平方米。复建关城守备署、察院公馆、东兵营、南兵营等，基本恢复古老长城的历史风貌。

"残长城" 八达岭"残长城"位于八达岭景区西南5公里处，2000年4月对外开放。2003年，在此开展修复古长城活动。后"残长城"更名为"古长城"。2009年，投资400万元对景区进行升级改造，其中200万元用于长城抢险加固。2010年，投资360万元再次对景区进行升级改造。

博物馆、纪念馆建设

中国长城博物馆

中国长城博物馆位于八达岭景区，东距八达岭长城500米，南与长城全周影院相毗邻，西隔滚天沟停车场与詹天佑纪念馆相望。博物馆占地面积约计1万平方米，建筑面积4000平方米，其中展厅面积3200平方米。中国长城博物馆建筑形制为连体式烽火台，整体建筑坐东朝西，是一座随着山势逐渐升高的传统庭院式建筑。馆舍由一幢比一幢高的三座二层楼组成，楼与楼之间以中式游廊相连接，整体外形仿似万里长城上的烽火台。

1984年11月16日，经北京市人民政府市长办公会研究决定，在八达岭游览区内修建长城博物馆。1987年初，成立长城博物馆筹备处，但由于经费问题，当年长城博物馆的筹建工作暂停。1992年夏，恢复对长城博物馆的全面建设。1994年8月，北京市文物局将中国长城博物馆移交延庆县人民政府，后由八达岭特区代管。1994年9月6日举行开馆仪式并正式对外开放。2007年5月进行为期一年的全面改陈。

中国长城博物馆是以长城为主题的专题性博物馆，现有藏品总数为 2526 件，其中一级文物 1 件、二级文物 24 件、三级文物 561 件，以铁器、砖石、陶瓷和钱币为主。藏品来源主要为征集、出土、捐赠等，也有长城博物馆工作人员外出调查探寻到的，如明代万历年间的"长城记事碑"，即为当时中国长城博物馆业务部有关人员在南四楼山坡上寻找到的。据初步考证，此碑设立于明代万历十年（1582 年）左右，对于长城的研究有着十分重要的价值。从 2004 年到 2008 年先后征集文物 300 余件，以守城用的铁质武器为主。

博物馆新展展览主题为"世界奇迹·历史丰碑"，展览内容分四个部分：第一部分"两千余载　续建不绝"，展示长城产生和发展的基本脉络。第二部分"恢宏巨制　绵亘万里"，展示长城的军事防御功能及体系，历史上发生在长城内外的重大战役，长城的建筑结构与布局。第三部分"长城内外　同是一家"，展示长城沿线地区经济开发与繁荣，文化艺术以及长城内外兄弟民族长期共同发展、相互交融的史实。第四部分"浩气长存　发扬光大"，展示新中国成立后长城作为中华民族的象征、世界文化遗产所受到的世界人民的保护以及长城在新中国外交史和旅游事业中的重要作用。

展览集中了全国各地长城沿线出土的文物、标本，辅以图表、照片、人文景观和模型，并采用触摸屏、投影仪等多媒体手段，对长城——这一中华民族的象征进行全方位的展示。

自中国长城博物馆开馆至今已接待中外观众 541 万人次，其中青少年学生 60 万人次，举办各种形式的爱国主义教育活动

200余场次。为了充分发挥博物馆的社教功能，除了利用每年的清明节、五四青年节、"爱国主义教育宣传日"、"5·18"国际博物馆日、六一国际儿童节等重大节日组织学生到博物馆参加不同形式的教育活动外，还组织了与贫困山区的学生手拉手献爱心活动、冬夏令营活动，结合迎接2008年奥运会和社会大课堂等活动主动走出博物馆，配合部分学校搞好校外教育。曾接待全国22个省、自治区、直辖市德育和体美教育研究人员200余人现场观摩。黑龙江省齐齐哈尔市东亚学团第一小学把中国长城博物馆作为学校的教育基地，每年在这里对学生进行爱国主义教育。

1997年，中国长城博物馆被中宣部和共青团中央命名为"全国爱国主义教育示范基地"。2000年5月，被共青团中央命名为"全国青少年教育基地"。2006年12月，被北京市教育委员会和北京市青少年学生校外教育工作联席会议办公室联合授予"北京市青少年校外教育活动基地"。2008—2009年连续两年被北京市青少年学生校外教育工作联席会议办公室、北京市教育委员会、北京市人事局联合授予"北京市校外教育先进集体"。2009年，在"爱我中华，画我长城"活动中被评为市级"优秀活动"一等奖；在第四届(2009年)、第五届(2010年)北京市阳光少年活动中获"优秀组织奖"。2010年，获延庆县爱国主义教育基地先进单位；在"画我心中的长城"活动中，被中共延庆县委宣传部评为"优秀主题教育活动"。

1977年，国际博物馆协会为促进全球博物馆事业的健康发展，确定1977年5月18日为第一个国际博物馆日，并每年为国际博物馆日确定活动主题。中国博物馆学会于1983年正式加入国际博物馆协会，并成立国际博物馆协会中国国家委员会，每年5月18日在全国各省市区举办形式多样的纪念活动。

2010年5月17日，中国长城博物馆邀请罗哲文、成大林、吴梦麟、黄克忠、吕济民、谢辰生、谢凝高等长城、文物、园林专家考察八达岭长城。5月18日，中国长城博物馆迎来第34个国际博物馆日，主题是博物馆致力于社会和谐。中国长城博物馆举办了"穿越时空与历史对话长城主题集邮展"，活动现场免费向游人发放博物馆宣传页，讲解长城知识。

詹天佑纪念馆

詹天佑纪念馆位于八达岭长城"北门锁钥"外公路北侧300米处，京包铁路八达岭隧洞的山峦之上，是铁道部投资建立的国家级博物馆之一。纪念馆为东西延伸的长方体，占地9600平方米，建筑面积2800平方米，为两层楼天井式建筑。

1961年，铁道部决定筹建詹天佑纪念馆。1962年在青龙桥车站设立临时陈列室。1984年9月，铁道部科学技术馆及铁道协会共同举办"京张铁路和詹天佑史料展览"。同年10月，铁道部决定立即筹建詹天佑纪念馆，并成立以铁道部李轩副部长为首的筹建委员会，下设办公室，开始进行文物收集和史料编研，由全国科协副主席吕正操选定馆址。1986年4月动工，1987年11月竣工，同年11月6日开始接待游人。

展陈面积近 1800 平方米，馆内藏品 318 件，包括实物、图片、图表、沙盘、模型等。展品按照历史年代陈列，展现了詹天佑引进西学、振兴中华的光辉人生。在展览方式上，纪念馆采用固定展览、临时展览和巡回展览三者相结合的模式。

在入口处广场东侧，一座长 41.6 米、高 5.4 米的大型浮雕成为整个建筑的主体，主要表现 1880 年至 1911 年詹天佑生活的时代背景，上面雕刻着中国人民苦难的历史，中国人民不屈不挠奋斗的历史，生动地描绘出了一幅中国人民站起来，共同建设祖国美好明天美丽的图画。

詹天佑纪念馆由瞻仰厅、序幕厅及三个陈列厅组成，展现了詹天佑从求学、投身铁路建设到抗清护路、拥护辛亥革命的革命历程。其中，詹天佑的遗物包括测绘用具、图纸、手稿、勋章、奖章、学会证书、詹天佑建议全国推广使用自动车钩的建议书史料和自动车钩模型、詹天佑祖先在广东省南海县（今广东省南海区）申请入籍获准的史料、詹天佑遗著、生活用品以及他所保存的辛亥革命的历史照片等。

纪念馆的陈列按照詹天佑生平历史年代布置，展现了各个时期的文物、照片和模型。瞻仰厅正中是詹天佑巨幅全身照片，两侧有其铭言，底座为红色阶梯式，像前有橡皮树、松柏护围。序幕厅有 4 幅照片，表现詹天佑一生的重要功绩。第一和第二展厅在序幕厅右侧天井式楼房的下层，主要表现詹天佑幼年赴美留学和回国后兴建京张铁路，主持商办川汉、粤汉铁路以及保路护路和迎接辛亥革命的事迹。第三展厅在天井式楼房的上层，主要表现詹天佑献身祖国铁路建设，创建中华工程师学会和代表中国政府参加远东铁路会议，维护中国铁路主权的事迹。此外，纪念馆还编印有詹天佑名言录和生平事迹简介等资料。

　　1991年，詹天佑纪念馆被北京市政府授予首批"青少年教育基地"。1995年，被铁道部命名为首批"铁路爱国主义教育基地"。同年，在第七届"国际科学与和平周"活动中，被授予"科学和平教育基地"。1998年12月，被北京市政府命名为"北京市科学教育基地"。

碑刻文抄

　　八达岭长城作为重要关隘，不仅以其险峻见证了历史风云，还带着地区的历史缩影和文化积淀，叙说历史沧桑。一块石碑、一段碑文，尽管被风雨剥蚀得面目全非，但仍在传达着不尽的信息。摩崖石刻站在历史烟云的深处，沉沉地讲述物是人非。作为战略要冲，八达岭长城还得到帝王将相和文人墨客临地抒情，触景感怀。仅古代传留于世的诗词就有百余首，且多为名篇佳作。中华人民共和国成立后，八达岭长城依旧为政治家、艺术家、学者所关注，关于长城的艺术创作、学术研究成果也层出不穷。

碑　刻

八达岭、岔道防务分界碑

碑花岗岩质，圆首方座，加工粗糙。通高 2.14 米，碑高 1.59 米，宽 0.64 米，厚 0.19 米，座高 0.55 米，宽 0.53 米，长 0.85 米。明宣德六年（1431 年）立，现位于八达岭镇岔道村东，八达岭关城"北门锁钥"门外 500 米，滚天沟沟口西侧半山腰上，为明代岔道与八达岭管辖范围的分界碑。

碑阳正上方正书"水长峪河"，左下为"迤东八达岭交界"，右下为"迤西岔道城交界"。碑阴正书"辛亥岁仲秋吉日立，钦依守备八达岭城地方都指挥使汴梁夏勋"。此碑原在路南，因拓宽公路，迁到路北。碑旁砂河，即长水峪河。

八达岭、岔道城防务分界碑

正面：长水峪河　迤东八达岭交界，迤西岔道城交界。

背面：右书：钦依守备八达岭城地方都指挥使汴梁夏勋。

左书：辛亥岁仲秋吉日立。

化字西五号台修建题名记（碑）

碑立于明隆庆五年（1571年），原在石峡口东北化字五号台上。因为此段长城处在"桦木梁口"两侧，故名之为"化字"。和"八达岭"附近名为"八字"，"川草花顶"附近名为"川字"取意一致。

碑为青色汉白玉质，高0.9米、宽0.5米，圆首，碑为身首合体，四周有卷云纹花边。碑首题楷书"化字西五号台题名记"，碑文从右向左竖读。

  隆庆五年，季秋之吉，总督蓟、辽、保定等处军务，兼理粮饷，兵部右侍郎兼都察院右佥都御史，潍县刘应节；整饬蓟州等处边备，兼巡抚顺天等府地方，都察院右佥都御史，肤施杨兆；巡抚直隶监察御史，晋江苏士润；巡按直隶等处监察御史，仁和余希周；整饬昌平等处兵备，山东按察司佥事，蒲州张廷弼；镇守居庸、昌平等处地方总兵官，中军都督府都督佥事，桐城杨四畏；总督军门中军官，原任参将，涞阳张爵；抚院中军官，原任参将，山海徐枝；昌镇中军官，太仓季时；分守居庸关等处地方，副总兵署都指挥佥事，济宁孙山；巩华城游击将军署都指挥佥事，渔阳李时；督工署通判事经历，祁门张蒲；本关经历，海宁张恒；巩华营中军官千户张应元；管工哨总，千户福经；把总千户王本仁；百户王世官，李愚鼎建。

八达岭长城修建题名碑

碑立于隆庆五年（1571年），后散落在八达岭北四楼山下坡道上，于1956年5月发现运回。1961年修建八达岭城台时，镶嵌于"北门锁钥"平台上。碑为青色汉白玉石质，高0.7米、宽0.45米。

隆庆五年，季春之吉。总督蓟、辽、保定等处军务兼理粮饷，兵部左侍郎兼都察院右佥都御史，潍县刘应节，整饬蓟州等处边备兼巡抚顺天等府地方都察院右佥都御史，肤施杨兆；巡抚直隶监察御史，晋江苏士润；巡按直隶等处监察御史，仁和余希周；整饬昌平等处兵备，山东按察司佥事、蒲州张廷弼，镇守居庸、昌平等处地方总兵官，中军都督府都督佥事，桐城杨四畏；总督军门中军官，原任参将，涞阳张爵；抚院中军官，原任参将，山海徐枝；昌镇中军官，太仓季时；分守居庸关等处地方副总兵署都指挥佥事，济宁孙山；督工署通判事经历，祁门张蒲，本关经历，海宁张恒；居庸中军指挥使张宇俊，把总指挥张经，管工头目吴堂；木匠张西；石匠杨文举，边匠李太月、常仁等鼎建。

八字北二号台题名碑

碑立于明万历十年（1582年），原在八达岭北二号台，为八达岭北段至石佛寺镇南台长城修建碑。1961年，修八达岭城台时，镶嵌于"居庸外镇"城台上。

碑为汉白玉石质，高0.8米、宽0.7米，周有花边，字迹浅，磨损严重，字迹不清。横式竖读楷体阴刻碑文15行，约170余字。

万历拾年秋防，本镇左右部修工，东起石佛寺西顶镇南台，至八字贰号台止，分修边墙长四拾丈三尺五寸，城墙高连垛口贰丈五尺。自七月中起，至十月中止，计工叁个月告完。

今将经官员役，列具于后：

钦差分守居庸关等处地方，付总兵，都指挥定州胡懋功；

钦依守备八达岭等处地方都指挥，密云李凤先；

中军百户崔宝、刘宗禄；

把总百户徐钦、张印、陆文镖；

管工头目赵进、焦大义；

管烧灰头目□善、谈名；

窑匠头目王锐、杨二千；

石匠头目：□明、赵举、李赞、盖臣。

万历拾年拾月吉日立。

"重修八达岭察院公馆"刻石

工程完工刻石。明天启三年（1623年）夏至日。刻石为汉白玉石质，高 0.48 米，宽 0.4 米，厚 0.15 米。1956 年 5 月修公路时出土，1961 年 4 月镶在"北门锁钥"城台垛墙上，现藏于中国长城博物馆。铭文 10 行，每行 13 个字。

八达岭门内旧有察院公馆。其衙宇年深，凋敝颓圮，大属不堪。每遇上司经过，息辄焦思，不遑宁处。倘若驻跸，讵谓亵狎非便。抑且偶值淫雨，漏倾可虞。因而董役缮修，务令完固，以志敬谨之意云耳。时天启三年癸亥长至夏日，钦依八达岭守备署指挥佥事己未武进士维杨谢君恩谨识。

明天启三年（1623年）"重修八达岭察院公馆"刻石

"北门锁钥"门额

关隘门额石刻。五石拼成,通长2.26米,高0.91米。中间阴刻"北门锁钥"四字,每字高0.48米至0.52米,宽0.44米至0.51米,均为正书。明万历十年(1582年)五月,嵌于八达岭关城西城门门洞上方。刻于5块汉白玉巨石上,整体呈长方形。

万历十年岁次壬午伍月吉日立建

北门锁钥

钦差总督蓟辽保定等处军务兵部尚书兼都察院左副督御史山阴吴兑,巡按直隶监察御史新喻敖鲲,右参议兼按察司佥事延安岳汴,左营中军都督府右都督辽阳杨四畏,副总兵官署都指挥佥事定远胡懋功,□指挥体统行事指挥佥事密云李凤先。

八达岭西城门"北门锁钥"石额

黑龙潭题诗碑

诗文刻石。碑为立式,圆首,汉白玉石质,通高 0.73 米,厚 0.17 米。额篆"莽谊胜铭"四字,周围阴线勾勒云纹。碑文正书 11 行,每行 11 字,为嘉靖四十四年(1565 年)燕东参将高延龄一行五人委修筑南山边墙时,游黑龙潭时所题的二首五言律诗。该碑原嵌于黑龙潭西壁,现存于岔道村村委会院内。黑龙潭位于八达岭镇岔道村西约 1.5 公里处,1985 年公布为延庆县文物保护单位。其三面绝壁,西北开一口,面积约 80 平方米,深 2 至 3 米,景致颇佳。

燕东参将高延龄同上谷总兵官欧阳安、参戎周一元、游戎张楷承、钦差总督宣大兵部尚书江责委修筑南山,因见石泉胜概,并记二律,以垂不朽。

南山重设险,环抱巩京畿。
势压昆仑北,雄吞渤海西。
连城收鼓角,绝塞卷旌旗。
共享清时乐,不闻万马嘶。
两壁浑如口,一流却似吞。
无舟来怪石,有日曜浮金。
滩水溶溶撞,峰云隐隐侵。
游观绝胜处,天地一开襟。

明嘉靖四十四年五月五日仝顿首谨立。

摩崖造像

五郎像摩崖造像

位于八达岭镇八达岭高速公路弹琴峡隧道西，凿于元代，1998年被公布为延庆县文物保护单位，为关沟七十二景之一。该造像为佛坐像，沿崖壁而凿，龛随像身，高浮雕，高6米，宽4米。头顶有球形髻，双耳垂肩，眉目清晰，眉心有白毫；领下垂至腹，宽衣博带，内着裙，裙带有小结，外衣上部有披肩，阴线勾勒衣褶；袒胸，脸部肩部饱满，双手于腹前结禅定印，结跏趺坐，下有莲座。从形象上分析应为阿弥陀佛造像。史载关沟为大都通往上都要道，常刻佛像或咒语于险要处。

六郎影摩崖造像

位于八达岭镇水关长城西北外侧崖壁上，凿于元代，1998年被公布为延庆县文物保护单位，为关沟七十二景之一。从形象上分析应为菩萨造像，俗称"六郎影"，面向西北，依壁而凿，浅浮雕，龛随像身。像坐式，头戴冠，双耳垂肩，面目清晰，脸部有损伤，略显清瘦，身着宽衣，阴线勾勒衣褶，微有飘动之感；脸部、双肩略隆起，左腿盘膝，右腿斜下垂，左手不清，右手放于右膝上，呈蹲坐式；下有莲座，像周围遗有雕凿时搭架的窝孔，做工较粗。

听琴弥勒

位于八达岭镇弹琴峡北侧，凿于元代，1985年被公布为延庆县文物保护单位。此处原名"无梁佛殿"，1900年毁于八国联军之手。修京张铁路时，旧址被湮没；1985年修公路取沙，此像才得见天日。殿内正面岩壁镌刻浅浮雕弥勒造像一尊，头胖，蒜鼻，嘴角上翘，双耳硕大，垂至肩，身着宽衣，左腿盘膝，右腿曲于胸前，呈蹲坐状。左手自然垂于左腿上，右手持念珠，搭于右膝上，下有方形座，阴线勾勒出衣褶。因其面对弹琴峡，故得此名。

摩崖石刻

八达岭回文摩崖石刻

位于八达岭关城西300米的山崖上，刻于元代，1993年被公布为延庆县文物保护单位。据中央民族大学专家鉴定，中间文字内容为回文"阿弥陀佛"，下面小字尚未鉴定。刻字上方及底部有纹饰图案，但模糊不清。据《元史·泰定帝纪》记载：泰定三年（1326年）五月，遣指挥使兀都蛮镌西番咒语于居庸关岩石。为蒙古人祈祷出门使人旅途平安的吉利语。刻石高0.77米，宽0.84米。

五桂头弹琴峡摩崖石刻

位于八达岭镇高速公路弹琴峡隧道东侧,刻于明、清时期,1985年被公布为延庆县文物保护单位,为关沟七十二景之一。石刻有3部分内容:

1."弹琴峡、五桂头"石刻,字高、宽各0.5米,邑人王福照书。

2."重修魁星阁碑记",位于大字西侧,高3.3米,宽1.9米,刻正书21行,每行43字,碑中记述清末武状元黄大元考中状元后,出资修阁的经历,落款为大清同治三年(1864年),字迹大多不清。

3.四块满文摩崖石刻,高0.5米至0.8米,宽0.85米至1.1米,字迹不清,内容不详。

"五桂头"又名"五贵头""五鬼头",传说燕王扫北,杀功臣霍氏五兄弟,并把人头悬于此处而得名。

"望京石"及"天险"摩崖石刻

1985年被公布为延庆县文物保护单位,为关沟七十二景之一。望京石位于八达岭关城东门外,长11.3米,宽4.7米,高1米,从山隙可望京师,故名。石北面刻有"望京石"三字。

"天险"位于关城东门外山崖上,面对关沟最险处,为清道光十五年(1835年)延庆州知事董恩同朋友游览时所题,距公路约30米,峭壁高6米。

五桂头山洞额刻

位于八达岭镇三堡村北 300 米处，1998 年被公布为延庆县文物保护单位。该洞修筑于清光绪三十三年（1907 年），是詹天佑在修筑京张铁路时为了防洪护路而开凿的泄洪隧道。洞长 43 米，宽 7.9 米，高 8.4 米，砺石水泥结构，西式建筑风格。洞为拱形，内外均用水泥构筑，两个洞口处为仿欧式牌楼造型，并将水泥划切成青砖样式，使之更加美观。洞上方水泥制一匾额，上刻"五桂头山洞"及修建年款。现保存完好。

金鱼池石碑

位于八达岭镇水关长城管理处内，1998 年被公布为延庆县文物保护单位，为关沟七十二景之一。修京张铁路时池子遭破坏，修八达岭公路时迁建到山脚下，1997 年修八达岭高速路时将这一景观移至水关长城内重建。重修的金鱼池全部用花岗岩石料垒砌，基本为圆形，直径 11 米，面积约 95 平方米。池边一石碑，阴刻正书"金鱼池"三字，为原池遗物。

詹天佑墓、碑及铜像

位于八达岭镇青龙桥火车站北侧山脚下，1982 年碑公布为北京市文物保护单位。墓地环境清幽，保存完好。墓前大理石卧碑记述了詹天佑生平，墓南屹立詹天佑铜像。墓东有大总统碑，孙中山先生撰文。

诗　词

使清夷军入居庸关（三首）
［唐］高　适

一

匹马行将久，征途去转难。
不知边地别，只讶客衣单。
溪冷泉声苦，山空木叶干。
莫言关塞极，云雪尚漫漫。

二

古镇青山口，寒风落日时。
岩峦鸟不过，冰雪马堪迟。
出塞应无策，还家赖有期。
东山足松桧，归去结茅茨。

三

登顿驱征骑，栖迟愧宝刀。
远行今若此，微禄果徒劳。
绝坂冰连下，群峰云共高。

自堪成白首,何事一青袍。

高适(约700—765),唐代渤海蓨(今河北景县)人。少贫寒,潦倒失意。后客游河西,为哥舒翰书记。历任淮南、西川节度使,终散骑常侍,封渤海县侯。著名边塞诗人。

晚到八达岭下达旦乃上

[金]刘　迎

车马两山间,上下数百里。
萦纡来不断,奕奕似流水。
鲸形曲腰脊,蛇势长首尾。
我行从其间,摇兀如病齿。
推前挽复后,进寸退还咫。

八达岭长城

息心同安分,尚气或被指。
徐趋自循辙,躁进应覆轨。
行行非我令,扼亦岂吾使。
倦仆困号呼,疲牛苦鞭箠。
绕如五更静,相庆得戾止。
归来幸无恙,喘汗正如洗。
何以慰此劳,村醅正浮蚁。

出八达岭

[金]刘 迎

山险路已出,弥望尽荒坡。
风度日已殊,气象惟沙陀。
我老倦行役,驱车此经过。
时节春已夏,土寒地无禾。
行路不肯留,奈此居人何!
作诗无佳语,此代劳者歌。

八达岭推车行

[金]刘 迎

浑河汹涌从西来,黄流正触山之崖。
路窄仅容一车过,小误往往车轮摧。
车催料理动半日,后人欲过何艰涩。
深山日暮人已稀,食物有钱无处觅。

何时真宰遣六丁，铲此叠嶂如掌平。

憧憧车马西山路，万古行人易来去。

刘迎（？—1180），金代文学家。字无党，号无诤居士，东莱（郡治今山东莱州）人。大定十四年（1174年）进士，官至太子司经。

榆林

[元] 黄　溍

崇崇道旁土，云是古长城。

欲寻长城窟，饮马水不腥。

斯人亦何幸，生时属休明。

向来边陲地，今见风尘清。

禾黍被行路，牛羊散郊垧。

儒臣忝载笔，帝力猗难名。

黄溍（1277—1357），浙江义乌人，官至侍讲学士，元代著名文学家。

弹琴峡

[元] 陈　孚

月作金徽风作弦，清声岂待指中弹。

伯牙别有高山调，写在松风乱石间。

陈孚（1240—1303），字刚中，台州临海（今浙江临海）人，官终台州路总管府治中。著有《观光稿》《交州稿》《玉堂稿》等。

边词十二选二

[明]金幼孜

暮冬寒凛冽,出口唾成冰。
肌肉愁风割,须髯苦雪凝。
边声吞鼓角,战火接园陵。
向夕菴庐宿,凄然泪满膺。

积冰千万里,北极是寒门。
八月黄榆尽,三春白草繁。
无衣凭戍火,不守惜边垣。
处处开横帐,笳声梦里喧。

岔道

[明]金幼孜

八达资屏障,秋来鼓角雄。
上都西路出,延庆北门通。
马渴衔冰乱,狼惊入草空。
宣宗游猎地,不与四楼同。

八达岭

[明]金幼孜

俯视神京近,居庸若建瓴。
出关愁草白,入塞喜山青。

千帐牛羊绕，诸陵雨雪扃。

元人南北口，此岭作蔼屏。

金幼孜（1386—1431），浙江新干人，任文渊阁大学士，宣宗时主修两朝实录。

八达岭

[明]徐　渭

八达高坡百尺强，径连大漠去荒荒。

舆幰尽日山油碧，戍堡终年雾逌黄。

岔道城北高台值雪

[明]徐　渭

迢迢岔道枕重边，高阁登临倍黯然。

百灶营烟明可数，双谯蝶粉绕能圆。

偶逢飞雪关山杳，渐进浮云帝里连。

莫讶金汤坚若瓮，昆阳城小古来坚。

上谷歌

[明]徐　渭

少年曾负请缨雄，转眼青袍万事空。

今日独余霜鬓在，一肩舆坐度居庸。

徐渭（1521—1593），明代著名书画家，诗人。字文长，号天池山人、青藤道士，山阴（今浙江绍兴）人。

阅八达岭

[明]熊 伟

丹楼粉堞跨群山,胜益居庸又一关。

风水会灵真可爱,烟岚跻险不辞难。

晓开云雾螺鬟靓,秋入岩崖锦树繁。

徙倚高峰看朔漠,吴钩频拂土花班。

熊伟,宣府人,通政司右参议,任经略大臣。

八达岭

[明]陶崇政

千寻粉堞跨山脊,断壁横崖路转生。

一队人从冰上过,哪能添个鸟儿声。

陶崇政,浙江会稽人。

过弹琴峡

[明]吴 扩

悬崖峭壁蹬千盘,峡里天光一线看。

绕涧琴声听不尽,月明流水曲中弹。

吴扩,字子龙、昆山(今江苏昆山)人,以布衣游缙绅间,遍游南北诸名胜。

弹琴峡

[明] 杨士奇

硖石记弹琴，泠泠流水音。

不知行路者，谁有听琴心。

岔道观猎

[明] 杨士奇

已度重关险，初临广野平。

岚兼远水白，山拥半空青。

扈跸同三事，搜原合五兵。

农闲倍阅武，亦得畅余情。

杨士奇（1365—1444），江西泰和人，曾任礼部侍郎、兵部尚书。

上关积雪

[明] 赵羾

大雪满边城，睥睨疑玉垒。

云间叠翠迷，天外银屏倚。

寒生击柝楼，冰立悬崖水。

马滑阻遐唏，恐遇韩湘子。

赵羾（1354—1436），字之翰，河南祥符人，曾任礼部尚书，谪隆庆州，在隆庆州开发中贡献甚大。他的许多诗记述了隆庆州的开发过程，描述了隆庆州初建时的景况。

登八达岭

[清]沈用济

策马出居庸,盘回上碧峰。

坐窥京邑尽,行绕塞垣重。

夕照沉千嶂,塞声折万松。

回瞻陵寝地,云气总成龙。

沈用济,字方舟,约生于明末清初,浙江钱塘人。

弹琴峡

[清]爱新觉罗·玄烨

琮琤流水意,仿佛似鸣琴。

曲度泉归壑,声兼峡泛吟。

空山传逸响,终古奏清音。

不御金徽久,泠泠会素心。

爱新觉罗·玄烨(1654—1722),清圣祖,年号康熙。

弹琴峡

[清]爱新觉罗·弘历

大地作琴声,迦叶亦如是。

何待柴桑翁,挂壁始寓意。

此峡曰弹琴,谁与标名字?

岩谷夐而幽,石泉清且泌。

野菊小于钱,十三星点缀。

动操四山响,万籁纷丹翠。

钟期未赏识,成连应走避。

一洗筝琶耳,妙契烟霞思。

爱新觉罗·弘历(1711—1799),清高宗,年号乾隆。

诗二首

[清]魏　源

一

连峰不断青,断处一关峡。

无复沙场悲,但寻响琴峡。

二

一登八达岭,回视如窥井。

何意塞门关,更成云外境。

魏源(1794—1857),湖南邵阳人,清末思想家、史学家、文学家。官至高邮知州。编有《海国图志》。

八达岭长城(1907年)

题弹琴峡

[清]张鹏翮

月傍层峦望欲迷,诸天缥缈暮烟齐。

丹峰四面云严屋,翠壁千重石作梯。

涧水涌花泉带雨,疏林斜日鸟归栖。

行人不尽登临兴,漫拂苍苔读旧题。

张鹏翮(1649—1725),字运青,康熙九年(1670年)进士,四川遂宁人。有《张文端公全集》。

度岭见长城

[清]丁 澎

岭坂风回树郁盘,长城如带雾中看。

随阳雁断天疑尽,背日风高夏若寒。

沧海不沉秦女石,浮云欲动楚臣冠。

伊州一曲先挥泪,况是亲经行路难。

丁澎(1622—1686),字飞涛,号药园,仁和(今浙江杭州人),清初著名诗人。

清平乐·弹琴峡题壁

[清]纳兰性德

泠泠彻夜,谁是知音者。

如梦前朝何是也,一曲边愁难写。

极天关塞云中,人随落雁西风。

唤取红襟翠袖，莫教泪洒英雄。

纳兰性德（1655—1685），原名成德，后改名性德，字容若，号楞伽山人，满洲正黄旗人，清代著名词人。

登万里长城

[清]康有为

秦时楼堞汉家营，匹马高秋抚旧城。
鞭石千峰上云汉，连天万里压幽并。
东穷碧海群山立，西带黄河落日明。
且勿却胡论功绩，英雄造事令人惊。

汉时关塞重卢龙，立马长城第一峰。
日暮长河盘大漠，天晴外部数疆封。
清时堡堠传烽静，出塞山川作势雄。
百万控弦嗟往事，一鞭冷月踏居庸。

康有为（1858—1927），广东南海人，字广厦，号长素，近代著名政治家、思想家、社会改革家。

长城词

陈 毅

一九六一年十月

八达岭上望天渺，长城逶迤万峰小，如此江山真美好。
革命真有千般巧，各族人民团结了，瀚海戈壁将变宝。

此地屡见血殷红，登临凭吊感慨中，阴霾消尽见碧空。

青山到处有牧童，羊群卷地白蒙蒙，听他歌唱《东方红》。

陈毅（1901—1972），字仲弘，四川乐至人，中华人民共和国元帅之一，曾任新中国第一任上海市市长，国务院副总理兼外交部部长。

登八达岭

邓 拓

长城万里矗高峰，天际盘龙古塞雄。

今日游人凭揽胜，边墙内外沐东风。

邓拓（1912—1966），福建闽侯人，曾任《人民日报》总编辑、社长，中共北京市委书记处书记。

咏八达岭

罗哲文

千峰叠翠拥居庸，山北山南处处峰。

锁钥北门天设险，壮哉峻岭走长龙。

罗哲文（1924—2012），四川宜宾人，中国古建筑学家、著名考古学家、长城专家。

登八达岭长城口占

爱新觉罗·溥杰

一九六五年秋

六国纷纷委草莱，嬴秦大业仰雄才。

城回八达曾临塞,关扼居庸尚有台。

纵目往时征战地,携朋今日咏游来。

晴空万里春晖来,高踞频倾浊酒杯。

爱新觉罗·溥杰(1907—1994),字俊之,末代皇帝爱新觉罗·溥仪之弟。

奏 疏

嘉靖十三年(1534年)

三月己卯　顺天抚按总兵官张嵩、赵元夫、张锐等言:居庸以西一带,八达岭抵镇边一带,地皆房冲,而城池不固,所宜修浚居庸关、白羊口、长峪城、镇边城、糜子谷、花家窑诸要害处,宜增募兵、葺营房、给兵仗,以益其守,且为条画以请。兵部是其议,请即付嵩等举行,惟募兵近奉诏停止,以民兵益之。报可。

嘉靖二十二年(1543年)

二月癸卯　兵部覆顺天抚按官会议,前御史桂荣所陈防御白羊镇边、长谷(等城事宜,条议所行者:一横岭要害,宜如长谷)镇边二城,募军足三百二十九名,就食镇边仓之粟,稽核为便。一白羊守备宜往来提调镇边等处。一横岭长谷通怀来诸口，而横岭较近，防守当先。宜令长谷把总每年六月至十月屯横岭，十一月至明年五月驻长谷，仍许相机通变。一居庸所辖四路边隘广远，宜令把总于灰岭堡屯驻。其北路河合口近镇边城、石峡谷等三口近长谷城，宜分隶镇边、长谷把总理之。一立石儿口等处，俱通横岭、怀来诸路，宜筑墙者七，北港口等处，宜铲削偏坡者六。又自镇边城白厓子至八达岭，宜削治险峻。内立石儿、火石岭、西堂儿庵三处，宜各建墩台一座，炮房一间。又立石儿、火石岭、牛膝谷各置守卒，分建营房四十间以居之。创横岭敌台及楼一座，增葺官厅一所，以居把总官。置城内营房一百五十间，凿井四，计用工料及行粮折银共六百八十两有奇，取抚按及兵道赎锾供费。抚臣侯纶补议三事。一增置东路把总一员，募土著军百人，分布要害防守，其南北中三路，仍以居庸关把总辖之。一白羊山外怀来卫地为隘口者七，居庸关东路山外永宁卫地为隘口者十一，岁久陵夷，宜亟令守臣整饬。一白羊迤西地名松胡片，宜筑墙一道，仍创营房十间，分军戍守。诏悉允行。

议处关外隘口以重屏蔽疏

嘉靖二十一年十二月

巡按直隶监察御史臣郑芸谨题：为议处关外隘口以重屏蔽事。臣窃惟关隘之设，因天地自然之险而补塞其空隙，大则关城，小则堡口，守之以官军，联之以墩台，遇有警报，各守其险，远近内外势实相倚，防微杜渐，计甚严密。重关叠嶂，贼且望风而却，恐截其前，恐慑其后，而不敢深入。法之初立，至善也，亦至周也，使时修理以不失其险，慎防守而不失其初，互相屏蔽，不分彼此，又何外患之足虞！夫何升平日久，玩偈政多，关隘内外，势绝不同。以居庸一关言之，自八达岭以南，该关管辖，臣所巡视之地。自岔道堡以北，俱隆庆、保安等州，永宁、怀来等卫，非臣所管地方也。臣于嘉靖二十一年十月内奉命前往该关巡视，自八达岭出岔道堡，经由怀来地方至火石岭而入，阅视横岭等口，由外以观内，历览其要害，则见其内外关隘奚啻霄壤全之不同。八达、岔道势相联属，八达岭则修理完固，军人全备，营房，城垣无不可守。岔道则城栅军少，全不足恃。至于火石岭等口，有口之名，无口之迹，堆石不过数行，高厚不过二尺，军止三四名，器械无一件。随据居庸关分守官钱济民禀称，关外堡口不但岔道、火石岭等处坍坏如是而已，自白羊口山外怀来卫地方，原有瑞云观、棒椎峪、东棒椎峪、西羊儿岭、大山、小山及火石岭凡七口；居庸关东路山外永宁卫地方，原有大红门、小红门、柳沟、塔儿峪、西灰岭、东灰岭、火烧岭、井泉、韩家庄、谎炮沟、张家口凡十一口，俱各大坏尽坍。正统、正德年间白羊等处失事，根因实在于彼。臣乃问之彼处来见各该守备等官，则曰关外各堡口旧规修理数处，会行钱粮无措，废弛日久矣。臣不胜惊骇。藩篱已撤，内关何恃？失今不处，临事莫支。但地方非臣该管，废弛又经年久，难便查究。为今之计，宜照巡视居庸等关事例，专给敕一道付彼处巡按监察御史，或暂另差一员，严督各该官员、各该衙门，将关外各隘口通行修理，拨军守把。每口不过数十名，难以如法操演，量著照依内关守口军人遵依敕谕事理，分班采办石灰等料应用，及时修理墙垣等项，实为便益。其营房、廨舍，动支官钱起盖，以便防守。及照怀宁地方以南，紫荆、倒马关之西一带直至故关等处，关外各隘口不系臣巡视地方者，俱合查处，专敕彼处巡按御史兼管巡视。庶责成专而综理周密，外隘固而内关足恃矣。如蒙乞敕兵部，速议施行，边关幸甚，京畿幸甚。

请建空心台疏略

[明] 谭纶

御戎之策，唯战守二端。故必以战则必胜，以守则必固。除战胜之事别有成仪外，臣等谨以蓟、昌之守而言之。东起山海关，西止镇边城，地方绵亘二千余里，摆守单薄，故臣等以谓必设二面受敌之险，将塞垣稍为加厚，二面皆设垛口。计七八十垛之间，下穿小门，曲突而上。而又于缓者则计百步，冲者五十步或三十步即筑一台，如民间看家楼，高可一倍，高三丈，四方共广十二丈，上可容五十人。无事则宿于台，更番瞭望，有警者，则守墙者附墙，守台者固台。而台之位置，又视其山之形势，参错委曲，务处台于墙之突，收墙于台之曲，突者受敌而战，曲者退步而守，所谓以守者无不固也。以台数计之，率每路该增墩台三百座，蓟昌二镇今分为十二路，共增筑台三千座。每台酌给官银五十两，通计费银一十五万。合无乞敕户、兵二部每岁动支银五万两解送臣应节处，分发兴工。大约每岁务必完筑墩台一千座，三年限以通完……如此则边关有磐石之固，陛下无北顾之忧矣。

筑台规则

［明］戚继光

相基之法，要在内外合一，山平、墙低，坡小，势冲之处则密之。高坡、陡墙之处则疏之。固为一定之势，但就其弯环远对之状，各有相宜之势。当必建不可已之处，既不合丈尺亦当建筑，不可移之，而必就于合式之地。又有内山虽不甚高，看之似冲，而口外横山远峙，其余通马处所，相隔千峰万丈，似冲而缓者，又有山高万仞，其外梁颇平，虽有墙坡险处而直对大举正路，似缓而冲者。于此酌处，又难一律也。

定台以十三丈，收顶以十丈为则，二百四五十人可完一座，每年可完台七十座，此其大较也。台制尤当随地制形：如墙外地宽，则台当多出；如地狭，则台当少出；如脊尖削、内外俱狭，则当稍阔其两面，险其两旁。以无失周围十二丈之意，则制度如指诸掌矣。边墙多就外险，故外下而内高，其上当以外面临虏处，计高三丈。内面但随山势，不必拘于三丈。其外既险，又系低下，则台不必出，止就高处起台，不必拘于低处，而台在墙之外。况山势迂回，自有弯突处，是又在相基者有活法耳。

　　台基用石矣，但方石恐难猝得，碎石势必不固。如石便用石，不便则用砖。有胶粘好土，则以三合土为之。各从便求坚，但三合土须厚，至顶亦得二尺乃坚也。台下暗门，未免稍虚其中，而边匠率愚拙弗省，恐造不如法，及不坚固，意台下筑实，台门移而上。外置一梯，虏至则抽去其梯。似亦稳便。然台用跨墙，则下层止用实筑，至第二层，则从城墙开门而上即便矣，不必如前式，拘定在台之中也。

参考书目

［明］孙世芳：《宣府镇志》，嘉靖四十年（1561）刊本（复本）

［明］杨时宁：《山西宣大三镇图说》，大同市古城保护和修复研究会

［明］蒋一葵：《长安客话》，北京古籍出版社1980年版

［明］戚继光：《练兵实纪》，中华书局2001年版

王士翘：《西关志》，北京古籍出版社1990年版

［清］何道增、张惇德：《延庆州志》，光绪六年（1880）复印本

［清］顾祖禹：《方舆纪要》，中华书局2005年版

［清］周家楣、缪荃孙：《光绪顺天府志》，北京古籍出版社1987年版

［清］张廷玉：《明史》，中华书局1974年版

［清］郦道元：《水经注》，浙江古籍出版社 2001 年版

［明］徐枢：《寰宇分合志》，明末刻本

赵其昌：《明实录北京史料》，北京出版社 1995 年版

《延庆县志》，北京出版社 2006 年版

《八达岭特区志》，社会科学文献出版社 2011 年版

《延庆乡村文化志·八达岭镇卷》，新华出版社 2012 年版

后　记

　　延庆区域内长城有东路边垣、南路边垣和八达岭长城,多道长城加在一起的长度,占北京市长城总长的34%。域内长城形制丰富,砖石、土夯、石砌的都有,由长城、城堡、联墩、烽燧、寨坡构成了一个完整的纵深体系。长城的修筑跨越朝代较多,明代为最。今延庆376个行政村,以"营""屯""堡"冠称的就有116个,都与长城的军事防御相关。从某种意义上讲,延庆可谓一个规模大而且自然开放的长城实体博物馆。

　　在境内所有长城遗迹中,八达岭长城是最经典的部分。正因如此,研究八达岭长城的学者代有相传,队伍庞大,诚可谓"由来已久"。中华人民共和国成立后,对八达岭长城进行系统研究的人更多,并且取得了许多重要成果,观点独到,各领风骚,令人叹服,也令人惊喜。特别是进入21世纪,研究八达岭长城的潮涌仍方兴未艾。

2011年，八达岭特区编修《八达岭特区志》，2012年，延庆县文化委员会和八达岭镇联合编修《延庆乡村文化志·八达岭镇卷》，在这两本志书的编写中，笔者分别担任统稿副主编和执行主编，了解长城文化的兴趣与日俱增。

2017年，北京市提出了三个文化带建设，其中之一就是长城文化带。编者在区内撰写有关长城文化带建设的书籍中也有参与，也为这次编写《八达岭长城》这本书提供了条件。

北京出版社很重视"京华通览"丛书的出版工作，《八达岭长城》作为其中一个分册，在图书出版过程中得到了认真的编辑加工，并选配了精彩的图片，使本书更加严谨和可读。书成之际，向给予支持的《八达岭特区志》主编赵建军先生和区史志办调研员刘继臣表示感谢，向为本书出版提供支持的段柄仁主编，谭烈飞、于虹、王岩老师表示感谢。本书中的部分照片由吕兆海提供，其他照片选自《北京志·世界文化遗产卷·长城志》《万里长城　百年回望》等书，在此向各位图片作者一并致谢。

编　者

2018年3月